MEINHARD MIEGEL

Das System ist am Ende.
Das Leben geht weiter

Verantwortung in Krisenzeiten

Klimaneutral
Verlag
ClimatePartner.com/53585-1805-1001

Bibliografische Information der Deutschen Nationalbibliothek:
Die Deutsche Nationalbibliothek verzeichnet diese Publikation
in der Deutschen Nationalbibliografie; detaillierte bibliografische
Daten sind im Internet über http://dnb.d-nb.de abrufbar.

© 2020, oekom verlag München
Gesellschaft für ökologische Kommunikation mbH,
Waltherstraße 29, 80337 München

Umschlaggestaltung: Büro Jorge Schmidt, München
Lektorat: Manuel Schneider und Lena Denu, oekom verlag
Layout und Satz: Ines Swoboda, oekom verlag
Korrektorat: Maike Specht

Druck: GGP Media GmbH, Pößneck

MIX
Papier aus verantwor-
tungsvollen Quellen
FSC® C014496

ISBN 978-3-96238-208-7

INHALT

2019

2020

DAS SYSTEM IST AM ENDE ...

Wie geht es weiter, wenn Covid-19 abgeebbt sein wird? Die Meinungen sind geteilt. Die einen fürchten, dass dann eine lange Durststrecke komme mit vielen Firmenpleiten und Arbeitslosen, gesellschaftlichen Verwerfungen und politischen Umbrüchen, kurz: Sie fürchten eine schlechtere Welt. Andere hoffen, dass diese Erfahrung viele läutern werde, weil viele begriffen, was wirklich zählt im Leben. Die Welt werde so eine bessere. Und wieder andere gehen davon aus, dass nach einer Zeit des Übergangs im Großen und Ganzen alles weitergehen werde wie bisher.

Wer recht behält, wird die Zukunft weisen. Historische Erfahrungen legen jedoch nahe, dass es Letztere sein werden. Denn weder Einzelne noch Völker lassen sich durch singuläre Ereignisse wie Pandemien und selbst Kriege dauerhaft aus der Bahn werfen. Wer hätte gedacht, dass nach dem epochalen Zusammenbruch des »Dritten Reiches« die Deutschen so schnell wieder Tritt fassen würden. Sie selbst wohl am allerwenigsten. Doch sie krochen aus ihren Schützengräben und Luftschutzbunkern und wandten sich dem Nächstliegenden zu: etwas zu essen, Kleidung, eine Behausung und verblüffend schnell auch wieder Unterhaltung, Kunst und Kultur.

Die Monstrosität des Nationalsozialismus war abgeschüttelt. Doch die darunter befindlichen wirtschaftlichen, sozialen und in Teilen sogar politischen Strukturen bestanden fort. Im Grunde gilt das bis heute, wenn auch mit immer deutlicher werdenden Einschränkungen. Denn das System, nach dem zunächst die sogenannten westlichen Gesellschaften und schließlich der größte Teil der Menschheit angetreten sind, weist unübersehbare Mängel auf, die mit den erprobten Methoden nicht mehr zu beheben sind.

Es sind solche schleichenden, oft lange Zeit kaum wahrnehmbaren Veränderungen, die zu den eigentlichen Bruch- und Wendepunkten in der Menschheitsentwicklung führen. So wurde das Römische Reich – wie andere Reiche vor ihm – nicht durch Seuchen oder Kriege zerstört. Vielmehr hörte es auf zu sein, als seine geistige Substanz verbraucht war und alle Reformbemühungen ergebnislos blieben. Das Reich war am Ende, aber das Leben ging weiter und ließ eine neue Epoche entstehen.

Nur schleichende Veränderungen verändern dauerhaft

Am Anfang der derzeitigen Epoche stand eine grandiose Idee oder, vielleicht richtiger, ein bis dahin nicht wirklich verinnerlichtes Lebensgefühl: der Mensch als Individuum. In einem mühsamen Prozess löste sich dieses Individuum aus seiner Anonymität in der Gruppe und trat damit eine Lawine los. Nunmehr waren es nicht mehr nur einige wenige, die als Angehörige einer hauchdünnen Oberschicht Anerkennung und Privilegien für sich beanspruchten. Hinzu kamen in ständig wachsenden Zahlen Kaufleute und Handwerker, Künstler und Gelehrte und viele andere, die in ihrer Individualität wahrgenommen werden wollten.

Das aber erforderte Distinktion. Nachdem während der längsten Zeit die überwältigende Mehrheit in kaum unterscheidbarer Uniformität gelebt hatte – in der Art und Weise, wie sie sich nährte, kleidete oder behauste –, sollten jetzt Unterschiede sichtbar werden, zunächst in kleinen Schritten, später in immer größeren Sprüngen. Wirtschaftliche Aktivitäten dienten nicht mehr ganz vorwiegend der Erzielung eines mehr oder minder auskömmlichen Lebensunterhalts, sondern, wo immer möglich, auch der materiellen Fundierung des jeweils beanspruchten gesellschaftlichen Status.

Damit war eine Schleuse geöffnet. Denn im Wettbewerb um den gehobeneren Status gibt es kein natürliches Ziel. Stets gibt es noch eine nächste Stufe, die erklommen werden will. Das geht fort, bis sich die Kontrahenten restlos verausgabt haben. Dann müssen neue Ressourcen erschlossen werden, die es ermöglichen, die anderen auszustechen. Das gilt nicht nur unter Individuen. Es gilt mindestens ebenso unter Institutionen und Völkern.

Technischer Fortschritt, so ist oft zu hören, sei die wichtigste Quelle materiellen Wohlstands. Vordergründig mag dies zutreffen. Doch dass es diesen Fortschritt überhaupt gibt, hat Gründe, die tief in der Psyche des Menschen wurzeln. Dieser will mithilfe des Fortschritts mehr erwirtschaften, als er für seinen eigentlichen Lebensunterhalt benötigt. Seine materiellen Grundlagen sollen wachsen, immer weiter wachsen.

Allerdings bedeutete bis in neuere Zeit das Wachstum des einen den Schwund von etwas anderem. Die Vorstellung, dass vieles gleichzeitig wachsen könne, war den Menschen bis in das 19. Jahrhundert hinein fremd. Für sie wuchsen Weideflächen auf Kosten von Wäldern, Siedlungen auf Kosten von Ackerland. Der Reichtum der Minderheit ging gewissermaßen zwangsläufig einher mit der Armut vieler. Das war ehernes Gesetz, und Bertolt Brecht reimte: Weil ich so arm bin, bist du reich.

Im Prinzip hat sich hieran bis heute wenig geändert. Aber dieses Wachstum auf Kosten von etwas anderem wird seit einigen Generationen überlagert von der Hoffnung, dass an die Stelle von Gewinn und Verlust wiederkehrende Win-win-Konstellationen treten und nach und nach zu Wohlstand für alle führen würden.

Für eine gewisse Zeit schien sich diese Hoffnung zu erfüllen. Die Wirtschaft wuchs und mit ihr der Wohlstand vieler. Grenzen waren nicht in Sicht oder wurden nicht gesehen. Und wo sie doch gesehen wurden, wurde das Gesehene verdrängt. Nur wenige fragten: Was braucht der Mensch eigentlich, was braucht er wirklich?

Einer derer, die so fragten, war Ludwig Erhard, und er antwortete für die Bundesrepublik Deutschland Ende der 1950er-Jahre mit: Jetzt ist es genug. Jetzt wird doppelt so viel erwirtschaftet wie vor dem Krieg. Die meisten lachten über ihn. Zwar hatten sie genug zu essen, ein Dach über dem Kopf und viele weitere Annehmlichkeiten. Aber ihr Statuskonsum war noch nicht gestillt und ist es bis heute nicht.

Was braucht der Mensch? Für Milliarden von Menschen ist diese Frage nach wie vor von existenzieller Bedeutung. In den wirtschaftlich entwickelten Ländern darf sie jedoch nicht mehr gestellt werden. Ihre ehrliche Beantwortung würde nämlich die historisch gewachsenen Strukturen von Wirtschaft und Gesellschaft zum Einsturz bringen.

Statt einer ehrlichen Antwort ist deshalb nur zu hören: Die Wünsche und Begierden der Menschen sind unendlich, und deshalb muss es unendlich weitergehen wie bisher.

Was braucht der Mensch?

Das faktische Verhalten vieler scheint diese Einschätzung zu bestätigen. Im Laufe der Jahrzehnte wurden die Behausungen immer größer und komfortabler, die Automobile schwerer und schneller, die Urlaubsreisen weiter und aufwendiger. Auch an Essen, Kleidung und Unterhaltung wird in den Wohlstandsländern nicht gespart. Jährliche Einkommenserhöhungen sind zur Routine geworden. Das erscheint als das gute Recht der Menschen. Das muss sein. Dafür gehen sie auf die Straße. Das sind sie sich wert, gleichgültig ob sie mehr erwirtschaftet haben oder nicht.

Manche meinen, dies sei das Verhalten von Verführten. An sich sei der Mensch nicht so. An sich wisse er recht genau, wann Grenzen erreicht seien, und diese Grenzen seien keineswegs beliebig weit gezogen. Aber ständig kämen diese Einflüsterungen: Das musst du haben und jenes. Du willst doch mithalten mit deinen Verwandten, Freunden und Bekannten, den Arbeitskollegen und Nachbarn. Womit willst du denn am Stammtisch oder auf der Party Eindruck machen? Was hast du denn da zu bieten?

Die These vom Verführtsein ist nicht von der Hand zu weisen. Ebenso wenig von der Hand zu weisen ist allerdings auch, dass sich viele liebend gern verführen lassen, ja geradezu danach lechzen. Konsum ist für sie eine oder sogar *die* Quelle von Glück und mehr Konsum von noch mehr Glück. Ihren Konsum zu drosseln ist deshalb für sie gleichbedeutend mit Glücksentzug. Das geht nicht. Das erzeugt bei ihnen Panikattacken.

Auch hierfür liefert die Covid-19-Pandemie eine Fülle von Anschauungsmaterial. Gewiss hat sie über die Gefährdung von Leib und Leben hinaus zahllose Menschen in arge wirtschaftliche Bedrängnis gebracht. Aber meist nicht in den Ländern des Westens. Hier genügte die Prognose von Ökonomen, die Wirtschaftsleistung könne auf das Niveau von 2015 oder möglicherweise von 2010 fallen, um alle Feuerglocken zum Schwingen zu bringen. Das darf auf keinen Fall geschehen! Um das zu verhindern, ist fast jedes Mittel recht. Auch die Verschuldung von Ungeborenen über Jahrzehnte hinweg.

Wir haben uns daran gewöhnt, uns durch eine facettenreiche Kapitalismuskritik von den Folgen unseres eigenen Denkens und Tuns zu exkulpieren. Wie im Garten Eden Eva der Schlange die Schuld daran gibt, den verbotenen Apfel gekostet zu haben, heißt es heute, das kapitalistische System habe uns zu dem gemacht, was wir jetzt sind. Wir selbst sind dafür nicht verantwortlich. Der Gedanke, dass wohl auch das System ist, wie es ist, weil wir sind, wie wir sind, liegt da fern. Doch gerade in dieser Einsicht dürfte der Schlüssel zur Lösung vieler Probleme liegen.

Das System, sei es das kapitalistische oder irgendein anderes, ist menschengemacht. Diese Feststellung erscheint trivial und ist doch außerordentlich folgenreich. Menschen früherer Epochen legten großen Wert darauf, ihren Ordnungen Stabilität zu verleihen, indem sie sie ausdrücklich als nichtmenschengemacht auswiesen. Sie behandelten sie als übernatürlich, göttlich. Unsere derzeitige Ordnung erhebt diesen Anspruch nicht. Sie ist durch und durch irdisch, ja geradezu banal. Das aber heißt, dass wir, namentlich in einem demokratisch verfassten Gemeinwesen, gemeinsam für die Wirkungen dieser Ordnung unmittelbar verantwortlich sind. Und diese Wirkungen sind zwiespältig.

Menschengemachte Systeme

Das Positive dieser Ordnung wird seit deren Anfängen in der Renaissance oder noch früher ausgiebig thematisiert und zelebriert: die Selbstfindung des Individuums, die Flut von Erfindungen und Entdeckungen, die Herausbildung eines Freiheitskonzepts, die allmähliche Zunahme materiellen Wohlstands breiter werdender Bevölkerungsschichten, der steigende Bildungsgrad und anderes mehr, was heute weltweit von Milliarden von Menschen aus einsichtigen Gründen geschätzt wird. Die Segnungen dieser Ordnung sind unübersehbar.

Das aber ist wohl auch der Grund, warum ihre Schattenseiten – historisch gesehen – erst spät wahrgenommen und politisch relevant wurden. Zwar wurde schon frühzeitig von unterschiedlichsten Seiten auf die Fülle von Missstän-

den und Mängeln hingewiesen, die dieser Ordnung imma-
nent sind, wobei der Vorwurf der Ausbeutung von Mensch
und Natur in vielerlei Zusammenhängen eine hervorgeho-
bene Rolle spielte und spielt. Aber ähnlich wie im Sozialis-
mus wurden alle Unzulänglichkeiten als zwar bedauerliche,
aber letztlich unvermeidliche Kollateralschäden auf dem
glorreichen Marsch in eine lichte Zukunft angesehen. Wer
nicht mitzog, war ein Feind des Fortschritts, wobei Fortschritt von Anfang an weitgehend gleichgesetzt wurde mit
einer Zunahme der Gütermenge.

Um diese Gütermehrung zu kontrollieren und zu ma-
nifestieren, wurden ausgefeilte Rechenwerke entwickelt, die
bis heute unsere Leben maßgeblich bestimmen. Wer hat in
diesem Wettlauf die Nase vorn? Schweizer oder Deutsche?
Europäer oder Amerikaner? Und wo stehen die Chinesen?
Welche Regierung ist erfolgreicher? War dies ein gutes oder
ein schlechtes Jahr? Dies und noch viel mehr glaubt man aus
den Messzahlen für die Gütermehrung able-
sen zu können.

Kosten der Güter-
mehrung

Gewiss sind diese Zahlen aufschluss-
reich. Über das Wichtigste sagen sie jedoch
fast nichts aus: Was sind die wahren Kosten
dieser Gütermehrung? Diese Frage wurde lange Zeit weitgehend ausgeblendet und wird auch heute nur lückenhaft
beantwortet. Über die wahren Kosten ihrer vermeintlichen
Wohlstandsmehrung haben Gesellschaften kaum jemals
wirklich Rechenschaft abgelegt. Sie gaben sich mit Milch-
mädchenrechnungen zufrieden.

Dabei waren Menschen früherer Zeiten oft kostenbewusster als später. Sie wussten, dass sie mit dem auskommen mussten, was sich in ihrer greifbaren Nähe befand. Aber selbst unter diesen Bedingungen verbrauchten sie mehr, als die Erde hervorzubringen vermochte. So war schon gegen Ende des 19. Jahrhunderts ein Großteil der natürlichen Ressourcen Europas erschöpft. Von da an hieß es, die wichtigste und zunehmend einzige Ressource dieses Kontinents sei das Wissen und Können seiner Einwohner. Alles andere war ausgebeutet. Um weitermachen zu können, musste der Beutezug in anderen Ländern und Kontinenten fortgesetzt werden.

Es ist diese unfassbare Blindheit gegenüber einfachsten Zusammenhängen, die die Welt in eine bedrohliche Schieflage gebracht hat. Nichts und niemand kann auf Dauer mehr verbrauchen, als da ist. Das aber ist die Maxime des heute dominanten Wirtschafts- und Gesellschaftssystems: Doch, du kannst nicht nur, du sollst sogar. Das macht dieses System zu einer Art Fata Morgana, die aus der Ferne vielversprechend ist, sich aber bei Annäherung in nichts auflöst.

Wie alle Systeme dieser Art gründet auch dieses auf Versprechungen. Die erste: Auch wenn sich die Mehrung von Gütern im Laufe der Zeit ändert, im Prinzip kann sie immer weiter fortgeführt werden. Und die zweite: Diese unablässige Mehrung von Gütern gibt deinem Leben nicht nur Sinn, sondern macht dich auch glücklich. An diesen Versprechungen wird krampfhaft festgehalten, obwohl ihre Unhaltbarkeit längst manifest ist.

Es wäre nicht das erste Mal in der Geschichte, dass Gesellschaften scheitern, weil sie an Ideologien, an Denk- und Handlungsmustern festhielten, die ihren Bezug zur Wirklichkeit verloren hatten. Ob im alten Ägypten oder den Staaten der Mayas und Azteken, ob in China oder Japan, ob im Europa der ersten Hälfte des 20. Jahrhunderts oder der entleerten Hülle des British Empire – immer wieder wurden Wegmarken erreicht, von denen an es nicht mehr weiterging.

Noch nie hat jedoch ein System einen so großen Teil der Menschheit in so existenzielle Bedrängnis gebracht wie das derzeit dominante. In dem verzweifelten Versuch, die konstitutiven Versprechungen zu erfüllen, wurden die Lebensgrundlagen von Pflanzen, Tieren und Menschen dermaßen beschädigt, dass keineswegs sicher ist, ob diese Schäden jemals wieder behoben werden können. Das ist in der Menschheitsgeschichte erstmalig. Die Menschheit hat sehr tief in den Ast gesägt, auf dem sie sitzt. Doch das wollen viele nicht sehen.

Überkommene Sicht-, Denk- und Verhaltensweisen

Offenbar gehört das zu den Konstanten menschlicher Existenz: an erworbenen Sicht-, Denk- und Verhaltensweisen festzuhalten, bis es nicht mehr geht, und nicht selten darüber hinaus. Mit solchen Sicht-, Denk- und Verhaltensweisen sind nämlich Besitzstände verbunden – materielle, soziale und geistige –, von denen viele nicht lassen wollen oder auch nicht können, hängt doch ihr Selbstverständnis, ihr Ego von ihnen ab. Sich einzugestehen, dass die bisherige Lebensweise selbstzerstörerisch ist, würde bedeuten, sie aufgeben zu müssen oder in gar nicht ferner Zukunft mit ihr unterzugehen. Und da weder die eine noch die andere Option annehmbar erscheint, wird das Dilemma verdrängt.

Der steigende CO_2-Gehalt der Atmosphäre samt globalem Temperaturanstieg, die Versauerung von Seen und Ozeanen, der Verlust von fruchtbaren Böden, der rapide Schwund von Wäldern, das Artensterben – alles, so die hilflose Argumentation, ist schon einmal da gewesen. Diese Feststellung ist zutreffend, geht jedoch am Kern der Problematik vorbei. Denn alle jene Ereignisse, auf die im öffentlichen Diskurs Bezug genommen wird, ereigneten sich in einer Welt, die nicht von knapp acht Milliarden Menschen bevölkert wurde und in der zahlreiche Lebensformen in nie da gewesener Konkurrenz zueinander stehen.

Das mag wohl sein, heißt es dann mitunter. Aber das sind Naturereignisse, und gegen diese ist der Mensch machtlos. Obwohl der Mensch die Welt nicht erst seit gestern verändert, ist die Vorstellung, er könne mit diesen Veränderungen regionale oder sogar globale Katastrophen auslösen, neu. Derartiges hat er bislang nicht vermocht. Doch nunmehr vermag er es. Die wissenschaftlich untermauerte Evidenz hierfür ist überwältigend.

Das aber will ein Teil der Bevölkerung nicht akzeptieren. Es würde ihr überkommenes Weltbild und, mehr noch, ihre tief sitzenden Gewohnheiten und vielleicht auch nicht begründbaren Privilegien zerstören. Also machen die Betroffenen, was sie immer in solchen Situationen gemacht haben: Sie ignorieren und bekämpfen, was ihren Interessen zuwiderläuft. Auch als die Beweise dafür, dass sich die Erde um die Sonne und nicht diese sich um jene dreht, keine vernünftigen Zweifel mehr zuließen, gingen die Meinungsschlachten hierüber noch generationenlang weiter. Zu viele hatten durch den Erkenntnisgewinn zu viel zu verlieren.

Ähnliches geschah, als Charles Darwin seine Beobachtungen von der Entstehung der Arten, seine Evolutionstheorie, publik machte. Der Mensch – so die auf einen Kampfbegriff verkürzte Formel – soll vom Affen abstammen? Ganz und gar lächerlich! Vor allem in den USA ist dies ein bis heute heftig umstrittenes Thema. Aber auch in Europa haben sich die Wogen erst Mitte des 20. Jahrhunderts geglättet. Heliozentrisches Weltbild oder Evolution – beide Male ging es darum, dass die Menschen lernen mussten, neu zu denken. Und das ist das Schwierigste überhaupt. Entsprechend hartnäckig ist der Widerstand.

Die Einsicht, dass der Mensch eine ökologische Katastrophe globalen Ausmaßes herbeiführen kann, hat mindestens die gleiche Dimension und ist noch um vieles folgenreicher. Zwar wird die Zahl derer, die die dramatischen Veränderungen von Umwelt und Natur rundweg in Abrede stellen, kleiner. Aber am faktischen Verhalten der großen Mehrheit ändert dies wenig. Trotz aller Beteuerungen und Schwüre wird der lebensbedrohliche Lebensstil fortgeführt, gehen Ausbeutung und Raubbau weiter. Jeder Verbesserung steht eine ähnlich große oder sogar größere

Verschlechterung gegenüber. Und Politiker, die diesen Befund für Humbug erklären und dazu auffordern, weiterzumachen wie bisher, haben gute Chancen, in hohe und höchste Ämter gewählt zu werden.

Damit geht auch das derzeit dominante System, das während vieler Generationen durch Wissenschaft und Technik kraftvoll angeschoben worden ist, den Weg, den solche Systeme in der Menschheitsgeschichte stets gegangen sind. Sie enden aufgrund von Erschöpfung und wohl auch Überdruss. Die Last ihrer Hybris ist zu groß geworden, die Unhaltbarkeit ihrer Versprechungen für jedermann offenbar. Weder vermag dieses System Wohlstand für alle zu bringen noch alle glücklich zu machen. Zwar sind seine Erfolge beachtlich, aber wie alles sind auch sie flüchtig. Mehr noch: Sie wurden mit ungedeckten Wechseln auf die Zukunft erkauft, und die sind jetzt fällig.

Ungedeckte Wechsel

Die Hoffnung auf eine gerechtere Welt hat abermals getrogen. Kaum jemals haben sich Minderheiten so schamlos auf Kosten der Mehrheit bereichert, waren die Ungleichheiten größer als heute. Offenbar ist das System zu Sittlichkeit – und das heißt zugleich zu Nachhaltigkeit – unfähig. In ihm hangeln sich die Menschen von Tagesereignis zu Tagesereignis, und immer mehr bleiben als Enttäuschte zurück. Sie empfinden den Fortschritt, der an sich ihr Lebenselixier sein soll, als kräftezehrenden Leerlauf, der ihre Fragen nach dem Wohin und Wozu nicht mehr zu beantworten weiß.

Generationenlang waren die Menschen zuversichtlich, dass es ihnen, ihren Kindern und Kindeskindern bei systemgerechtem Verhalten immer besser gehen werde. Das hat sie weitermachen lassen und nicht selten sogar beflügelt. Worin dieses »besser« bestehen sollte, wurde nicht weiter hinterfragt. Materielles genügte. Was aber soll sie beflügeln, wenn die Erwartungen auf eine bessere Zukunft schwinden, sich ungelöste Probleme häufen und Antworten auf brennende Fragen ausbleiben? Die Welt sei in Unordnung, meinte unlängst die frühere US-amerikanische Außenministerin Madeleine Albright. Splitter dieser Unordnung sind im Folgenden zusammengetragen. Sie sollen Anlass sein, über Bestehendes nachzudenken und Mut für Künftiges zu machen. Denn das Leben geht weiter.

Er sagt, was er denkt, und tut, was er sagt

Eines muss man dem neuen amerikanischen Präsidenten lassen. Er sagt, was er denkt, und tut, was er sagt. Das ist unter Politikern nicht gerade häufig. Aber wohl nicht zuletzt deshalb haben ihn 62 Millionen Wählerinnen und Wähler ins Weiße Haus getragen und bewundern ihn viele weitere Millionen in aller Welt.

Was aber denkt dieser Mann? Da er das unverblümt sagt, gibt es nichts zu rätseln: ich, ich, ich – wobei er sich umstandslos mit der ganzen Nation gleichsetzt. Hieß es bis zu seiner Wahl »Trump zuerst«, so heißt es seitdem »Amerika zuerst«, und zwar *nur* Amerika. Amerika soll stark, wohlhabend, stolz und sicher sein. Vor allem aber soll es gewinnen, gewinnen, gewinnen. Seine Interessen sollen stets vorangestellt werden. Nützt es Amerika, dann zum Teufel mit freiem Handel, der Einhegung von Finanzzockern, dem Schutz von Umwelt und Klima und vielem anderen mehr. Dann werden Grenzbefestigungen errichtet und soziale Sicherungssysteme geschleift.

Auch wenn durchaus fraglich ist, ob das alles dem Land tatsächlich nutzt – entscheidend ist etwas anderes. Hier wird ohne Scham und Scheu ein Denken zelebriert, das bislang – so gut es ging – bemäntelt wurde. Krassesten Egoismus so plakativ vor sich herzutragen verstieß gegen die gesellschaftliche Konvention, auch wenn dieser seit Langem die westliche Kultur – und nicht nur diese – durchdringt und zersetzt. Was mir nützt, ist unbesehen gut. Belange anderer zählen nicht. Worum es geht, sind profitable Deals. Wer dabei verliert, ist selber schuld. In dieser Welt sind Stiftungen für Geisteswissenschaften oder Künste Fremdkörper. Also weg damit!

Von schonlichem Umgang, von Achtsamkeit mit Mitmenschen und Natur, Wissenschaft und Künsten oder ethischen und religiösen Normen ist hier weit und breit keine Spur mehr. Vielleicht wird man Donald Trump eines Tages dankbar sein müssen, dass er das mit diesem Zynismus und dieser Brutalität jetzt deutlich macht. Vielleicht bedarf es dieses Schocks. Denn die westliche Kultur leidet seit Langem unter der Auszehrung ihrer Substanz. Donald Trump hat dies auf beklemmende Weise bewusst gemacht.

Januar 2017

Von der Angst der Menschen, materielle Wohlstandseinbußen zu erleiden

Von den vielen Ängsten, die derzeit die Deutschen wie die Bevölkerungen aller anderen wirtschaftlich entwickelten Länder plagen, sticht eine besonders hervor: die Angst, materielle Wohlstandseinbußen zu erleiden, sei es, weil der breite Strom an Gütern und Diensten abschwillt, sei es, weil mehr als bislang mit anderen geteilt werden muss. Grundlos ist diese Angst nicht. Denn die Zeichen einer säkularen Stagnation oder gar Schrumpfung mehren sich, und die weniger Glücklichen dieser Erde lassen sich abnehmend mit wohlfeilen Sprüchen abspeisen.

Anlass zu echter Sorge ist dies dennoch nicht. Selbst wenn die heute wohlhabenden Bevölkerungen, unter ihnen die Deutschen, auf ein Viertel oder ein Drittel ihres materiellen Wohlstands verzichten müssten, lebten sie immer noch weitaus opulenter als ihre Eltern oder gar Großeltern, die im historischen Vergleich alles in allem recht auskömmliche Leben führten.

Was also treibt die Menschen um, sodass nicht wenige Heil in haltlosesten Versprechen suchen? Wohl zum einen, weil der Verzicht auf etwas – und sei es auch noch so überflüssig – den meisten schwerfällt. Hier hilft nur Gewöhnung. Doch Menschen passen sich veränderten Lebensbedingungen an, und zwar viel schneller, als sie dies im Vorhinein für möglich halten. Erleichtert wird diese Anpassung, wenn sie nicht allzu abrupt erfolgen muss. Ein allmählicher Abstieg wird zumeist ohne größere Verwerfungen überstanden.

Den Menschen fällt der Verzicht schwer

Hinzukommen muss jedoch ein Weiteres. Der Abstieg muss alle betreffen. Und hier stellen sich nun die größten Probleme. Während beachtliche Teile der Bevölkerung schon seit Langem Einschränkungen hinnehmen müssen, ist es einer Minderheit bisher nicht nur gelungen, sich diesem Trend zu entziehen, sondern sie hat im Gegenteil ihren Vorsprung in mitunter geradezu obszöner Weise ausgebaut. Was von dieser Minderheit an Einkommen und Vermögen zusammengescharrt wird, geht weit über das hinaus, was in der bekannten Geschichte als sittlich und gemeinschaftsverträglich angesehen worden ist.

Die ökonomische Sinnhaftigkeit dieses Verhaltens mag hier dahingestellt bleiben. Vielleicht kann es als schlicht dumm abgetan werden. Bedeutsamer ist etwas anderes. Ein derartiges Verhalten erschwert die notwendige Anpassung an veränderte Lebensbedingungen, weil es unvermeidlich die Frage provoziert: Warum nur wir und nicht auch die? Wenn diese Frage nicht überzeugend beantwortet werden kann, erzeugt sie Spannungen, die zerstörerischen Kräften Auftrieb geben und schlimmstenfalls zu einem blutigen Zusammenbruch der Gesellschaft führen können.

Das sollten all jene bedenken, die sich hinter Vertragsklauseln und Gesetzestexten zu verschanzen suchen, wenn es darum geht, Einkommen, Abfindungen oder Boni legitim erscheinen zu lassen, die durch nichts zu rechtfertigen sind. In einer kollabierenden oder auch nur zerrissenen Gesellschaft bieten selbst gigantische Vermögen und Einkommen in Multimillionenhöhe keinen wirksamen Schutz vor drastischem Niedergang.

Februar 2017

Die halbe Wahrheit

Wirtschaftlich geht es den meisten alten Menschen heute gut in Deutschland, vielen sogar sehr gut und allen weitaus besser, als es jemals einer Altengeneration in diesem Land gegangen ist.

Die gängige Reaktion auf diesen unbestreitbaren Sachverhalt ist: Das haben sich die heute Alten aber auch redlich verdient. Zwar haben sie im historischen Vergleich nicht übermäßig hart, aber alles in allem doch fleißig, diszipliniert und nicht zuletzt innovativ gearbeitet. Darüber hinaus waren sie recht haushälterisch. Was sie jetzt in die Scheuer fahren, sind die Früchte dieser eindrucksvollen Generationenleistung.

Das alles ist richtig, doch leider nur die halbe Wahrheit. Denn ebendiese Generation, die es sich jetzt im Alter wohlgehen lässt, hat einen Raubbau an Umwelt und Natur betrieben wie keine Generation vor ihr, hat weltweit Heerscharen von Menschen für Hungerlöhne für sich schuften lassen, hat sich durch nicht gehabte Kinder Investitionen in Billionenhöhe erspart und dennoch riesige Berge öffentlicher Schulden aufgehäuft. Anlass zur Selbstgefälligkeit haben die heute Alten nicht. Ihr Wohlbefinden wurde teuer erkauft. Vielleicht zu teuer.

Umso bedenklicher ist, dass sie jetzt als Maßstab dafür dienen, wie ein gelungenes Leben auszusehen hat. Dann heißt es bei den Jüngeren: So gut wie unsere Eltern oder Großeltern werden wir es nicht mehr haben. Der internationale Wettbewerb ist härter geworden, unsere innovativen Vorsprünge schwinden, und am Ende droht vielen Altersarmut.

Die Jüngeren haben die Chance, Lebensformen zu entwickeln, die zukunftsfähig sind

Auch das ist richtig, aber zum Glück wiederum nur die halbe Wahrheit. Denn was viele der Jüngeren heute als verdüsterte Zukunft empfinden, ist nichts anderes als die Rückkehr zu einer belastbaren Wirklichkeit. Sie haben die Chance, das bisherige Illusionistentheater hinter sich zu lassen und Lebensformen zu entwickeln, die ungleich zukunftsfähiger sind als jene der zurückliegenden Jahrzehnte. Das ist kein billiger Trost, sondern die Hinwendung zu einer neuen Kultur der Substanz und Nachhaltigkeit, zu einer auch politisch neuen Kultur.

März 2017

Gefühlte Wirklichkeiten

Es ist stets das Gleiche. Werden Menschen in Ländern wie Deutschland nach ihren Einkommens- und Vermögensverhältnissen, ihrer persönlichen Sicherheit oder ganz allgemein nach ihrer Lebenszufriedenheit befragt, sind ihre Antworten oft in Dur gestimmt. Geht es hingegen um die Lage ihrer Mitbürger oder gar um das Gemeinwesen insgesamt, überwiegen die Molltöne. Der Grundakkord ist: Mir selbst geht es zum Glück recht gut. Für andere gilt dies leider nicht.

Über diese Diskrepanz zwischen Eigen- und Fremdeinschätzung ist viel nachgedacht und geforscht worden. Kleiner geworden ist sie dadurch nicht. Was immer im eigenen Erfahrungsbereich liegt, erscheint zumeist heller und freundlicher als die durch Dritte, namentlich »Medien vermittelte Wirklichkeit«. Diese ist von einem Grauschleier überzogen. Verkehrschaos, Wohnungsnot, Scharen von Armen. Selbstverständlich ist so eine Weltsicht nicht.

Eine Eintrübung erfährt sie bereits durch die Auswahl der Nachrichten, mit denen Wirklichkeit transportiert werden soll. Deren Breite und Farbigkeit spiegeln sie noch nicht einmal andeutungsweise wider. In der Regel sind sie auf das Spektakuläre fokussiert, auf den grünen Esel mit den roten Beinen. Das das Leben bestimmende Alltägliche, die kleinen Freuden und Sorgen – für sie ist im Kosmos vermittelter Wirklichkeit nur selten Platz.

Hinzu kommt die Lust an virtuell verbreitetem Grauen und Schrecken, an Tragödien und Katastrophen. Die in den Medien tagtäglich zum Schein Ermordeten legen beredtes Zeugnis hiervon ab. Und ist der Letzte für den Moment in sein Kino- oder Fernsehgrab gelegt worden, stehen sogleich die Heerscharen derer auf, die an irgendetwas gescheitert oder zumindest zu kurz gekommen sind: bei ihren Eltern, in der Schule, dem Betrieb, die Opfer von Konkurrenz und Globalisierung. Nicht selten entsteht der Eindruck, als bestehe die Gesellschaft aus einer dünnen Schicht – unverdient! – Glücklicher und der Masse zu kurz Gekommener.

Dies als Lüge zu bezeichnen wird dem eigentlichen Sachverhalt nicht gerecht. Denn Lügen sind gar nicht so häufig und in halbwegs transparenten Gesellschaften zumeist auch leicht durchschaubar. Viel wirkmächtiger ist die fortwährende Eindunkelung vermittelter Wirklichkeit, an der Produzenten und Konsumenten teilhaben. Mehr noch: Beide Seiten sind hier geradezu eine Symbiose eingegangen. Die Konsumenten vermittelter Wirklichkeit meinen, diese nicht ohne Würzung verdauen zu können, und die Produzenten erhalten für diese Würzung klingenden Lohn.

Produzenten und Konsumenten von Nachrichten sind geradezu eine Symbiose eingegangen

Auf diese Weise entsteht eine Scheinwirklichkeit, die sich aus Wahrheiten, Halbwahrheiten und Nichtwahrheiten, aus Fakten, alternativen Fakten und Fiktionen zusammensetzt. Immer weniger ist, was es scheint, immer weniger scheint, was es ist. Sich in einer solchen Welt zurechtzufinden ist schwer und mitunter unmöglich. Der Einzelne ist auf sich selbst und die von ihm selbst erfahrene Wirklichkeit zurückgeworfen. Und die ist für viele lebenswert und licht. Die vermittelte Wirklichkeit hingegen erscheint ihm zunehmend als undurchdringliches Dickicht voller undeutbarer Bilder und Töne, eine Kakophonie von Empfindungen.

Alle müssen sich wieder einem ehrlicheren Wirklichkeitsverständnis zuwenden

Auch das gehört zur Kultur einer Gesellschaft. Entspricht es ihrem Selbstverständnis, wenn sie allabendlich durch das virtuelle Abschlachten von Mitmenschen Entspannung sucht, statt durch Gespräche, Musik und die vielen Dinge, die ein Leben lebenswert und heiter machen? Soll die zunehmend destruktive Kluft zwischen selbst erfahrener und vermittelter Wirklichkeit überwunden werden, müssen sich alle, Produzenten und Konsumenten dieser Vermittlung, wieder einem ehrlicheren Wirklichkeitsverständnis zuwenden – in Dur und Moll, in hell und dunkel. Denn vermittelte Wirklichkeit kann schlussendlich keine andere sein als die Summe der vielen unmittelbar erfahrenen Wirklichkeiten.

April 2017

Brot und Spiele

Das Militär, so heißt es mitunter, plane nicht selten Feldzüge, die in der Vergangenheit stattgefunden haben. Für kommende Herausforderungen fehlten ihm Vorstellungskraft und Einfühlungsvermögen.

Über Bildungspolitiker ließe sich Ähnliches sagen. Auch sie schlagen oft Schlachten, die überholt sind. So gilt ihr vorrangiges Interesse noch immer der Steigerung von Produktivität und Wettbewerbsfähigkeit folgender Generationen, ganz als ginge es wie vor fünfzig oder hundert Jahren weiterhin vor allem um die Schaffung und Sicherung materieller Existenzgrundlagen.

Doch dieses Kapitel ist zumindest in den wirtschaftlich hoch entwickelten Ländern abgeschlossen. Diese sind eingetreten in eine historische Phase, in der – zunehmend am Menschen vorbei – die Versorgung mit materiellen Gütern und technischer Fortschritt ihren Weg gehen. Die Menschen bleiben zurück und verfolgen teils ungläubig, teils fassungslos, was um sie herum vorgeht.

Erwerbsarbeit als Lebenszweck hat sich für viele erübrigt. Sie werden nicht mehr gebraucht, um Brot zu backen,

Häuser zu bauen, Steuererklärungen auszufüllen oder medizinische Diagnosen zu erstellen. Das alles wird künftig von wenigen im Verbund mit Bergen angehäuften Wissens und Kapital erledigt. Arbeitsplätze werden auf diese Weise massenhaft obsolet. Die Hoffnung, an ihre Stelle träten immer wieder neue, ist trügerisch. In den entwickelten Ländern hat sich jedenfalls die pro Kopf erbrachte Menge an Erwerbsarbeit in den zurückliegenden hundert Jahren mehr als halbiert.

Massenhaft obsolete Arbeitsplätze

Was aber heißt das für die Zukunft? Dass neue Instrumente für die Verteilung des erwerbsarbeitsfrei Erwirtschafteten entwickelt werden müssen, ist mittlerweile weithin erkannt. Nicht wirklich erkannt ist hingegen, dass es unter diesen Bedingungen wenig sinnvoll ist, die Kinder von heute auf eine Welt vorzubereiten, die wie jene der Vergangenheit um Erwerbsarbeit zentriert ist. Soll ihr Leben nicht nur aus Brot und Spielen bestehen, müssen sie vor allem eines lernen: ihrem Leben aus eigenem Antrieb einen Sinn zu geben, es nach Kräften selbst zu gestalten und sich selbst zu finden.

Nicht jedem wird das gelingen. Ob jedoch die oft einseitige Förderung von mathematischen, technischen und naturwissenschaftlichen Fähigkeiten im schulischen Fächerkanon hilfreich ist, künftigen Anforderungen zu genügen, muss bezweifelt werden. Jetzt dürfte es vielmehr darauf ankommen, die schöpferischen Potenziale und künstlerischen Begabungen von Kindern und Heranwachsenden zu wecken, ihre Gemeinschaftsfähigkeit und nicht zuletzt ihre Freude am Leben.

Die Kinder von heute müssen mit dem, was ihnen jetzt vermittelt wird, nicht nur die nächsten ein oder zwei Jahrzehnte, sondern auch noch die Vierziger,- Fünfziger- und Sechzigerjahre meistern. Bemühen wir also unsere Vorstellungskraft und unser Einfühlungsvermögen, um diese Zukunft lebendig werden zu lassen. Vielleicht lässt sich dann das eine oder andere derzeitige Bildungskonzept doch noch verbessern.

Mai 2017

Wahnsinnig toll

Die Sprache gilt vielen als die höchste kulturelle Leistung des Menschen. Umso aufschlussreicher ist daher, wie eine Gesellschaft mit ihr umgeht.

Dabei steht außer Frage, dass sie sich ständig verändert, durch andere Sprachen bereichert wird und umgekehrt andere bereichert. Auch ist sie immer wieder mehr oder minder modischen Trends unterworfen, die sie einmal modern und dann wieder altbacken erscheinen lassen. Eine Sprache lebt.

Auf das Deutsche gewendet, scheinen sich diese Trends derzeit in einer besonders lebhaften Phase zu befinden. Nicht nur, dass es seit geraumer Zeit Anglizismen wie ein Schwamm aufsaugt und seine Grammatik auf das Rudimentärste beschränkt. Zugleich schwelgt es in Superlativen und maßlosen Übertreibungen.

Da soll eine junge Frau vor laufender Kamera ihre Eindrücke von einem Dorffest wiedergeben und kommt über ein »Wahnsinnig toll« dreimal binnen einer Minute nicht hinaus. Da flattert eine Einladung zu einer kleinen Familienfeier ins Haus, in der der Absender dem Eingeladenen versichert, dass man sich über sein Kommen »irrsinnig freuen« würde. Und so geht es weiter.

Steuert jemand in einem Gespräch ein paar Belanglosigkeiten bei, wird ihm sogleich bekundet, dass diese höchst interessant seien. Den Prädikaten »hervorragend«, »super« oder »genial« ist kaum noch zu entkommen. Doch umgekehrt ist es ebenso leicht, in die Abgründe von »schrecklich«, »entsetzlich«, »Desaster« oder »Chaos« zu stürzen.

Der Pfad zwischen exzessivem Jubel und nicht minder exzessiver Verdammung ist schmal geworden. Das Deutsche steht im Begriff, engbrüstig und atemlos zu werden. Es kommt daher wie ein Musikstück, das nur fortissimo und pianissimo kennt, sonst nichts. Das ist auf Dauer langweilig und ermüdend.

Spiegelbild unserer Kultur

Denn eine Sprache lebt nicht zuletzt auch von ihren Nuancierungen, und je feiner diese sind, desto lebendiger ist sie. Hieran gemessen, ist die heutige Alltagssprache ungemein simpel, um nicht zu sagen grobschlächtig. Ihr nicht selten exaltiert hysterischer Gebrauch soll diese Dürftigkeit vermutlich überdecken. Aber vielleicht ist sie ja gerade darum ein getreues Spiegelbild unserer Kultur.

Juni 2017

Gleicher Maßstab

In einem seiner letzten Interviews bemerkte der einstige niederländische Prinzgemahl Claus von Amsberg, dass immer wieder gefragt werde, wie lange demokratisch verfasste Gemeinwesen noch bereit sein würden, Monarchen zu ertragen. Er hielt die Frage für berechtigt, fragte sich jedoch seinerseits, wie lange sich noch Menschen finden würden, die bereit seien, Monarchen zu sein.

Dies dürfte keineswegs nur Koketterie gewesen sein. Denn nüchtern betrachtet, ist in unseren hochgradig individualistischen Gesellschaften, in denen jeder Religionsstifter, Gesetzgeber, Richter und höchste moralische Instanz zu sein vermeint, die Ausübung von Macht – und sei sie auch nur repräsentativ – wenig erbaulich.

Das beginnt oft schon im Kleinsten. Da soll etwa in einem hübschen kleinen bayerischen Ort der Dorfplatz neu gestaltet werden. Nach langem Hin und Her wird einer der Pläne verwirklicht. Ein unbefangener Außenstehender würde wahrscheinlich sagen, das Projekt sei recht gut gelungen. Jedenfalls sei der Platz jetzt viel ansprechender als zuvor.

Nicht so die Ortsansässigen. Für viele ist das Ganze ein Missgriff. »Scheußlich« ist noch einer der harmloseren Verdikte. Der Bürgermeister samt politischer Mehrheit seien ganz einfach »Versager«. Hätte man nur auf irgendjemand anderen gehört.

Nun steht außer Frage, dass es in der Politik viele Versäumnisse und Fehler gibt. Aber deren Zahl dürfte nicht größer sein als in anderen Bereichen menschlichen Miteinanders. Der wesentliche Unterschied ist, dass in der Politik jede Schwäche mit einer Härte und Häme gebrandmarkt wird, die in anderen Bereichen als maßlos und unanständig gelten würde.

Es wird oft maßlose Kritik an der Politik geübt

Wer ist bereit, das auf sich zu nehmen? Wie die Erfahrung zeigt, jedenfalls abnehmend Männer und Frauen, die auch anderweitig erfolgreich sein können. Warum sich zwingen lassen, selbst Privatestes vor der Öffentlichkeit auszubreiten, sogar für Dinge, die die Öffentlichkeit gar nicht berühren, rechenschaftspflichtig zu sein und sich für Geleistetes mitunter auch noch unflätig beschimpfen zu lassen? Allzu oft ist zu hören: »Das tue ich mir nicht an, das habe ich nicht nötig.«

Die Politik ist zweifellos mängelbehaftet. Die Kritik an ihr allerdings auch. Der Souverän, das Volk, einschließlich der Medien, sollte einmal selbstkritisch prüfen, ob er dieselben Maßstäbe, die er an die Politik anlegt, auch an sich selbst angelegt sehen möchte.

Die Politiker, so heißt es oft, müssten ihr Verhältnis zur Bevölkerung überdenken. Wohl wahr. Umgekehrt gilt jedoch das Gleiche. Sonst könnte es geschehen, dass sich früher oder später nur noch Hohlköpfe und krankhaft Geltungssüchtige für politische Ämter zur Verfügung stellen. So weit sollte es nicht kommen. Aber Entwicklungen in diese Richtung sind unübersehbar.

Juli 2017

Flohwalzer

Der Verkäufer im Handyladen ist offenbar ein erfahrener Mann. Unaufgefordert erklärt er seinem verdutzten Kunden, dass dieser für allenfalls ein Zehntel der Funktionen seines soeben erworbenen Smartphones Verwendung haben dürfte. Um alles, was darüber hinausgehe, solle er sich nicht kümmern. Das frustriere nur. Denn schließlich solle das Gerät ja für ihn und nicht er für das Gerät da sein.

Was zunächst wie eine dieser trivialen Episoden im anhaltenden Ringen des Menschen mit der Technik anmutet, erweist sich bei näherem Hinsehen als etwas sehr Grundsätzliches. Worüber wird in Büros und Fabrikhallen, in Universitätsmensen und Betriebskantinen seit vielen Jahren tagein, tagaus geredet und nicht selten geflucht? Diese unberechenbare und mitunter geradezu heimtückische IT, die urplötzlich große Datenmengen verschwinden lässt, sich beharrlich weigert, Unerwünschtes zu löschen, die aberwitzigsten Verknüpfungen herstellt und die einfachsten Operationen nicht auszuführen vermag.

Zwar liegen alledem zumeist Bedienungsfehler zugrunde. Diese zu vermeiden und gewandt mit moderner Technik umzugehen erfordert jedoch viel Zeit und Übung. Für anderes bleibt da wenig Raum. Wer andere Prioritäten hat, muss sich damit abfinden, dass er es auf seinem Computer oder Smartphone nicht weiter bringt als das Klavier spielende Kind, dessen Künste im Flohwalzer gipfeln.

Bis heute wird darüber gerätselt, warum diese gigantische digitale Revolution das Leben vieler Menschen zwar nachhaltig verändert, aber nur selten wirklich verbessert. Verglichen mit dem flächendeckenden Ausbau von Wasserzu- und -ableitungen, der Elektrizität oder den Verkehrswegen, sind ihre Wirkungen bei aller Unüberschaubarkeit merkwürdig begrenzt. Deutlich messbare, wohlstandsmehrende Schübe hat sie jedenfalls bis heute nicht ausgelöst.

Begrenzte Wirkungen

Hierfür werden zahlreiche Gründe genannt. Häufig unerwähnt bleibt dabei allerdings, dass moderne Technik mit Funktionen überfrachtet worden ist, für die die meisten keinen Bedarf haben, die sie aber belasten. Von Nutzlosem zu viel, von Notwendigem zu wenig. Dieser Trend vieler neuer Entwicklungen gilt auch für die Technik und für sie sogar besonders. Hybris allerorten, vom simplen Zimmerthermometer, das nicht ohne Gebrauchsanweisung auskommt, bis hin zum hochgezüchteten Küchenherd, in dessen Geheimnisse eine vierzigseitige Schrift einweiht.

Wie sagte der Verkäufer im Handyladen? Das Gerät solle für den Nutzer und nicht der Nutzer für das Gerät da sein. Wie treffend. Doch von dieser Maxime haben sich große Teile der Technik weit entfernt. Immer häufiger kreisen sie nicht nur um sich selbst, sondern haben sich auch dazu aufgeschwungen, das Handeln der Menschen zu steuern. Diese bleiben mit ihren Fähigkeiten und Bedürfnissen zurück – auch das: Ausdruck einer fehlgeleiteten Kultur.

August 2017

Marionetten

Nach den Berechnungen des Global Footprint Network übersteigt seit dem zweiten August die Nachfrage der Menschen nach natürlichen Ressourcen die Kapazität der Erde, diese Ressourcen ohne Raubbau für den Rest des Jahres bereitzustellen. Dieser Raubbau schlägt sich nieder in einem ständigen globalen Temperaturanstieg, einer zügigen Schrumpfung der Waldflächen, einem dramatischen Rückgang der Artenvielfalt, Überfischung und anderem mehr. Die Erde signalisiert tausendfach: Ich bin erschöpft.

Anfang der 1970er-Jahre lag dieser »Welterschöpfungstag« noch am Jahresende, das heißt, die Erde vermochte die Aktivitäten der Menschen gerade noch zu verkraften. Seitdem rückt das Datum immer weiter nach vorn. Um 2050 wird die Menschheit voraussichtlich das neue Jahr mit einer bereits erschöpften Erde beginnen, soll heißen, was diese zu bieten hat, wurde im vorangegangenen Jahr schon verbraucht. Anders gewendet: Um wie gewohnt zu leben und zu wirtschaften, benötigt die Menschheit dann zwei Erden.

Ganz gleichgültig ist ihr diese Entwicklung offenbar nicht. Immerhin wurde – wie in früheren Jahren – auch diesmal auf den »Welterschöpfungstag« hingewiesen. Aber wie! In den Hauptfernsehnachrichten hieß es dazu: »Ab heute sind die natürlichen Ressourcen für das laufende Jahr erschöpft. Und nun die Lottozahlen.« Was zunächst wie eine bitterböse Satire erscheint, entspricht dem Empfinden der überwältigenden Mehrheit und ist gelebte Wirklichkeit, getreu der britischen Maxime: »Mag die Welt auch untergehen, wir spielen weiter Cricket.«

Das ist wohl auch der Geist, der derzeit fast alle politischen Parteien lenkt und beflügelt. Mehr, mehr, mehr. Mehr Geld für Kitas, Schulen und Universitäten. Mehr gut bezahlte Arbeitsplätze. Mehr Rente. Mehr Mittel für den Eigenheimbau, die Infrastruktur, die Polizei und Bundeswehr. Dass alle diese Projekte schon längst keine nachhaltige Fundierung mehr haben, sondern zunehmend auf Ausbeutung und Raubbau gründen, schert die wenigsten. Sie lassen sich nur allzu bereitwillig einlullen von Versprechen, deren Erfüllung entweder unmöglich ist oder die Existenzgrundlagen von Pflanzen, Tieren und Menschen zerstören.

Mehr, mehr, mehr

Doch über dieses Dilemma wird nicht gesprochen. Schon gar nicht in einem Wahlkampf. Hierin besteht parteiübergreifender Konsens. Dass die etablierten Lebensformen fragwürdig oder – richtiger – unhaltbar geworden sind, ist das unbedingte Tabu dieser Gesellschaft, an das zu rühren politisch selbstmörderisch sein kann. Folglich beschränken sich alle politischen Kräfte auf Strategien, von denen sie glauben, sie seien »politisch durchsetzbar«. Ob sie mit ihnen Probleme lösen können oder diese nicht sogar noch verschlimmern, wird allenfalls hinter vorgehaltener Hand gefragt.

Würde in diesem Land ehrliche und ernsthafte Politik betrieben, wäre ihre vordringlichste Aufgabenstellung: Wie führen wir unsere wirtschaftlichen und gesellschaftlichen Aktivitäten in die Grenzen zurück, die uns die Erde bei unserem jeweiligen Wissens- und Könnensstand setzt. Denn dass wir uns seit geraumer Zeit außerhalb dieser Grenzen befinden, ist schlechterdings nicht mehr zu übersehen. Zwar ist es schwierig, hierüber in dieser Gesellschaft zu debattieren. Aber die Debatte muss kommen. Sie ist buchstäblich überlebenswichtig. Politiker, die sie zu vermeiden suchen, sind bloße Marionetten eines zerstörerischen Zeitgeistes.

Die Debatte um Rückkehr innerhalb der ökologischen Grenzen ist überlebenswichtig

September 2017

Sphinx

»Wir haben verstanden«, erklärten demütig die in der Bundestagswahl vom Wahlvolk gebeutelten Parteien. Wir haben verstanden. Das zu sagen war kühn, wahrscheinlich sogar tollkühn. Denn lässt sich die Sphinx »Wahlvolk« überhaupt verstehen? Oder spricht sie nicht vielmehr in dunklen, oft unlösbaren Rätseln?

Da echauffiert sich ein wackerer Dörfler über die Verödung seiner ländlichen Gemeinde. Kein Arzt und kein Apotheker, kein Bäcker und kein Metzger mehr. Leer stehende Häuser und Wohnungen. Ihre Bewohner sind in Ballungsgebiete gezogen. Dort fordern sie lautstark »bezahlbaren Wohnraum«. Es muss mehr gebaut werden.

Das aber soll nicht zu einer zusätzlichen Versiegelung von Flächen führen. Schützt die Natur! Schützt die Vielfalt der Arten! Doch wie, wenn zugleich Straßen und Autobahnen, Flughäfen und Schienennetze immer weiter ausgebaut werden. Das nämlich muss sein. Das Wahlvolk will seinen Mobilitätsdrang ungehemmt ausleben können.

Und dann die Renten. Die müssen sicher sein und verlässlich steigen. Keine Armut im Alter! Wo künftig die Arbeitskräfte herkommen sollen, die das ermöglichen, beschäftigt die meisten allenfalls beiläufig. Für sie rangiert die Erfüllung von Kinderwünschen deutlich hinter Karriere und hohem materiellen Lebensstandard, und zwar jetzt.

Dass hierdurch entstehende Bevölkerungslücken nicht mit Zuwanderern zu schließen sind, versteht sich für sie von selbst. Da heißt es keck: »Wir machen unsere Deutschen selbst.« Und wie? Wie immer. Mit Geld. Mehr Geld für Kinder, Eltern, Kitas, Schulen. Bei einem Schuldenberg von weit über zwei Billionen Euro kommt es auf ein paar hundert Milliarden offenbar nicht mehr an. Wen schert es, wenn ebendiese Schulden just jenen auf die Füße fallen, für die sie heute gemacht werden.

Spottbillige Güter und Dienste

Vor allem aber sichere Grenzen und streng reglementierte Zugänge. Die sind so unverzichtbar wie die Segnungen der Globalisierung: für alle und jeden in diesem Land spottbillige Güter und Dienste. Was zählt, sind die Rosinen im Globalisierungskuchen. Für die Ausbeutung, die Umweltschäden oder die Massenmigration haben viele kein Auge. Das soll Frontex richten.

Was in den zurückliegenden Wochen an geballter Naivität, an Widersprüchen und Ungereimtheiten zu besichtigen war, geht über bislang Gewohntes hinaus. »Es ist Zeit«, plakatierte eine der Parteien. In der Tat. Es ist Zeit, dass die Politiker dem Wahlvolk sagen: »Wir verstehen dich nicht länger. Dein Begehren ergibt immer öfter keinen Sinn.«

Hinzufügen müssten sie allerdings: Wir Politiker tragen hieran ein gerüttelt Maß an Mitverantwortung. Denn wir haben bei dir viel zu lange den Glauben genährt, wir könnten die Gesetze der Logik außer Kraft setzen. Es ist Zeit, hier Klarheit zu schaffen. Dazu aufgerufen sind neben Wahlvolk und Politikern Zivilgesellschaft und Medien. Sie alle haben sich verheddert in zunehmend unerfüllbaren Wünschen und Forderungen. Wenn wieder mehr Nüchternheit und Gemeinsinn im Denken und Handeln der Gesellschaft Platz griffen, würde dies nicht nur die anstehenden Koalitionsverhandlungen erleichtern, sondern dieses Gemeinwesen auch auf Dauer regierbar halten.

Mehr Nüchternheit und Gemeinsinn

Oktober 2017

Bildung, Bildung, Bildung

Menschen reden vorzugsweise von dem, was sie nicht haben: Kranke von der Gesundheit, Arme vom Geld, Regengeplagte vom Sonnenschein. Und wovon wird hierzulande geredet? Folgt man beispielsweise den aktuellen Parteiprogrammen, scheint es kein wichtigeres Thema zu geben als Bildung. Sie sei unsere Zukunft, unser Schicksal. Und folglich soll unentwegt gebildet werden, vom Säuglings- bis zum Greisenalter. Steht es wirklich so schlecht um die Bildung?

Nicht wenn es darum geht, die Menschen zu wirtschaftlich produktiven Gliedern der Gesellschaft zu qualifizieren. Da macht niemand den Deutschen so schnell etwas vor. Diese können zumeist nicht nur lesen, schreiben und rechnen, sondern sind auch sonst leistungsstark genug, um in der ersten Liga der wirtschaftlich entwickelten Länder mitspielen und einen materiellen Lebensstandard genießen zu können, der im historischen Vergleich keine und im internationalen Vergleich nur wenige Parallelen hat. Blinder Alarm also?

Nicht, wenn es bei Bildung um mehr gehen soll als die Qualifikation zum Broterwerb. Nicht, wenn sie das Individuum zu voller Entfaltung seiner Anlagen befähigen, und erst recht nicht, wenn sie eine friedliche, tolerante, humane und nachhaltig wirtschaftende Gesellschaft ermöglichen soll. Das aber ist nach den Worten des amerikanischen Autors Robert Frost ihr eigentlicher Kern: die Befähigung, »fast alles anhören zu können, ohne die Fassung oder das Selbstvertrauen zu verlieren«.

Bildung als Befähigung zu Fairness, Mitmenschlichkeit und Anstand häufig Fehlanzeige

Wird Bildung auch so verstanden und vielleicht noch ergänzt um Fairness, Mitmenschlichkeit, Anstand und Gemeinsinn, dann steht es in der Tat nicht gut um sie. Dann säßen nicht in hohen und höchsten Positionen viel zu viele Männer und Frauen, die nur darauf aus sind, ihre Mitbürger in die Irre zu führen und gnadenlos zu übervorteilen. Dann wären die sozialen Netzwerke – in den Worten des britischen Historikers Timothy Garton Ash – nicht zur »größten Kloake der Menschheitsgeschichte« verkommen, triefend vor Hass und Häme. Dann müsste nicht ständig an mehr Gerechtigkeitssinn, solidarisches Verhalten oder ganz generell an größere Rücksichtnahme appelliert werden. Das alles verstünde sich in einer wirklich gebildeten Gesellschaft von selbst.

Doch die Gesellschaften von Ländern wie Deutschland sind nicht wirklich gebildet. Vielmehr sind sie mehr oder minder lockere Zusammenschlüsse von Erwerbsqualifizierten. Das hat sie, gemessen an ihren BIP-Zahlen, weit gebracht. Ihr gesellschaftliches Gefüge ist jedoch darüber morsch geworden. Eine größere Erschütterung – und es droht zusammenzubrechen.

Wer oder was ist hierfür ursächlich? Bildung beginnt im Elternhaus. Aber immer mehr Elternhäuser sind selbst nicht mehr bildungsfähig, und immer weniger Großeltern vermögen, die Defizite auszugleichen. Das einmal Versäumte lässt sich in den Schulen nur noch bedingt nachholen, zumal diese ja in erster Linie »Humankapital« in des Begriffes engster Bedeutung bilden sollen.

Eltern, Kirchen, Vereine, Medien sind gefragt

Bleiben Kirchen, Vereine, Zeitungsredaktionen, Medienanstalten, Filmemacher und andere mehr. Oft sind sich diese ihres gesellschaftlich unverzichtbaren Bildungsauftrags aber gar nicht bewusst, und nicht selten torpedieren sie sogar die Bemühungen anderer. Wenn ein Wort wie »Rüpelrepublik« die Runde macht, darf wohl gefragt werden, woher diese Rüpel kommen.

Nach mehr Bildung zu rufen ist wohlfeil. Zu erklären, was das sein soll, ist ungleich anspruchsvoller. Hieran sollten alle die bildungsbeflissenen Politiker denken. Denn mit der Bildung, die sie zumeist im Munde führen, lässt sich vielleicht das Bruttoinlandsprodukt erhöhen. Aber ein vitales Gemeinwesen lässt sich auf ihr weder gründen noch aufrechterhalten.

November 2017

Erzählungen

Trotz aller Dissonanzen besteht nicht nur unter den politischen Parteien, sondern auch zwischen diesen und der Bevölkerung insgesamt ein bemerkenswerter Gleichklang. Alle sind sich einig: Es muss sich etwas ändern. Eine neue Erzählung muss her, eine, die den Menschen wieder ein lohnendes Ziel gibt und sie beflügelt. Denn die bisherige Erzählung hat sich erschöpft. Sie vermag nichts und niemanden mehr zu entflammen.

Was aber ist die bisherige Erzählung? Sie ist denkbar schlicht. Seit Beginn des industriellen Zeitalters heißt es: durch die fortwährende Mehrung materiellen Wohlstands zu fortwährender Mehrung individuellen Glücks. Konsumiere und du bist glücklich! Soll diese Erzählung wirklich beendet werden?

Offenbar nicht. Trotz aller Rufe nach dem beflügelnden Neuen wird nämlich eifrig an den alten Fäden weitergesponnen. Politik und Gesellschaft postulieren, was sie schon seit Generationen postulieren. Auch wenn zumindest in den wirtschaftlich entwickelten Ländern diese Erzählung immer weniger in ihren Bann schlägt, wird sie unverdrossen weiter erzählt: Glück durch Konsum.

Doch lohnt es sich dafür zu leben? Ist es ein Lebensziel, eine immer größere Wohnung, ein immer schnelleres Auto und einen immer glänzenderen Weihnachtsbaum zu haben? Manche mögen das bejahen. Aber in einem Land wie Deutschland erklärt die Mehrheit: Eigentlich haben wir genug. Wir wollen neue Ziele.

Wir wollen neue Ziele

Wie aber soll die neue Erzählung gehen? Zuvörderst muss sie ehrlicher sein als die bisherige. Je länger, je mehr wird nämlich deutlich, dass das Versprechen »Glück durch Konsum« unter den gegebenen Bedingungen nicht zu halten ist. Zum einen sind die tradierten Formen der Wohlstandsmehrung an Grenzen gestoßen. Besonders global ist der Wohlstand einer Minderheit zur unerträglichen Bürde für die Mehrheit der Menschen, für Natur und Umwelt geworden. Und zum anderen spüren selbst die derzeit Privilegierten, dass die Beziehung zwischen Wohlstand und Glück eher flüchtig ist.

Soll die neue Erzählung dauerhaft mitreißen, wird sie Horizonte weiten müssen. Die bisherige Erzählung ist eine Erzählung von Gewinnern für Gewinner, zu denen in den entwickelten Ländern zwar die meisten, in allen anderen Ländern jedoch nur kleine Minderheiten gehören. Das ist zu wenig. Eine Erzählung, die an nationalen Grenzen endet und nur hinter hohen Mauern Gültigkeit hat, ist im 21. Jahrhundert ein Anachronismus und damit unglaubwürdig. Die neue Erzählung muss raumgreifend sein und alle einschließen.

Voraussetzung hierfür ist allerdings, dass sie nicht länger menschliches Glück weitgehend mit materiellem Wohlstand verknüpft. Denn der ist in einer endlichen Welt endlich. Vielmehr müssen neue Quellen von Glück und Zufriedenheit erschlossen werden, Quellen jenseits von Brot und Spielen. Den Völkern der entwickelten Länder dürfte dies besonders schwerfallen, haben sie doch seit vielen Generationen hierin keine Übung mehr. Aber ohne solche neuen Quellen haben auch neue Erzählungen keine Chance. Dann wird es weitergehen in dem ermüdenden und letztlich frustrierenden Trott, durch materielle Güter Glück schaffen zu wollen, dann wird der lauter werdende Ruf nach einer neuen Erzählung ungehört verhallen.

Glücksquellen jenseits von Brot und Spielen

Dezember 2017

Prozente

Das Symbol für Prozente, das uns in der Produktwerbung fortwährend entgegenstrahlt, ist zu einem magischen Zeichen geworden. Seine Botschaft: Hier geschieht Gutes. Der Anbieter von Gütern oder Diensten verlangt vom Nachfrager weniger, als er eigentlich verlangen könnte.

Eine noble Haltung, die allerdings in neuerer Zeit Ausmaße angenommen hat, die nachdenklich stimmen sollten. Zwanzig oder dreißig Prozent sind beinahe zur Regel geworden und sechzig oder siebzig Prozent keine Seltenheit mehr. Und Prozente gibt es immer und überall – als Vorweihnachts-, Weihnachts- oder Nachweihnachtsbonus, bei Sortimentsumstellungen, Geschäftsverlegungen, Firmenjubiläen oder einfach nur so. Einen Anlass gibt es immer.

Ginge es hier mit rechten Dingen zu, müssten die Wirtschaft und namentlich der Handel längst an Auszehrung zu Grunde gegangen sein. Aber nichts dergleichen ist zu beobachten. Mehr noch: Je generöser sich die Anbieter geben, desto üppiger gedeihen sie.

Nun gibt es zweifellos Fälle, in denen einem redlichen Kaufmann das Wasser bis zum Halse steht und er seine Ware um fast jeden Preis losschlagen muss. Die Regel ist dies allerdings nicht. In der Regel ist die Welt der Prozente, Rabatte und Vergünstigungen eine Welt chronischer Überproduktion und verstopfter Vertriebswege, eine Welt der Mondpreise, Nepper, Gaukler und im Ergebnis übervorteilten Verbraucher oder kurz: eine aus den Fugen geratene, kranke Welt.

Bei Gelegenheiten wie Weihnachten ist dies trefflich zu besichtigen. Der Stellenwert solcher Feste bemisst sich fast nur noch nach den getätigten Umsätzen. Sind diese hoch, ist alles in Ordnung. Anderenfalls ist es ein trauriges Fest. Aber die Menschen sind ja willig. Pro Kopf gaben sie in Deutschland 2017 fast 500 Euro für Geschenke aus – abzüglich Prozenten versteht sich.

Gibt es noch etwas anderes als Konsumorgien?

Wo aber ist in Gesellschaften, in denen selbst einstmals kirchliche Feste kaum noch etwas anderes sind als rauschhafte, mit allen Mitteln der Vertriebstechnik angekurbelte Konsumorgien, die Ritze, durch die noch etwas anderes dringen kann? Gewiss gibt es Menschen, die sich von diesen mehr oder weniger abgewandt haben, und ihre Zahl scheint sogar zu steigen. Aber der Weg von hier bis hin zu einer Geisteshaltung, die über den Einzelnen hinausweist, ist weit.

Menschen haben um diese Geisteshaltung gerungen, seitdem sie sich ihrer selbst bewusst wurden. Sonderlich erfolgreich waren sie damit jedoch nicht. Jedenfalls dröhnen sich heute die meisten mit dem Allerbanalsten zu, mit Dingen, die sie kaum zufriedener, geschweige denn glücklicher machen. Sie haben verlernt, innezuhalten und ihre eigentlichen, auch spirituellen Bedürfnisse zu erkennen.

Ein kleines Experiment mag hilfreich sein: für eine Weile konsequent Augen und Ohren vor jenen verführerischen Rabatten, Prozenten, Sales und Sonderaktionen verschließen und nur das erwerben, was man wirklich braucht. Das könnte nicht nur eine Erholung für den eigenen Geldbeutel sein, sondern zugleich auch ein Anreiz für eine sachgerechtere Preisgestaltung mit weniger aufgeblähten Fantasiepreisen und -rabatten. Das wäre nicht zuletzt ein Beitrag zu einem redlicheren, faireren Markt und eine große kulturelle Leistung.

Erwerben, was man wirklich braucht

Januar 2018

Gemeinsinn

Wenn es viele Monate dauert, ehe es in einem demokratisch verfassten Gemeinwesen nach einer Wahl zur Regierungsbildung kommt, fragen nicht nur Spötter: Ist es wirklich so mühsam, ein Land wie Deutschland zu regieren? Die ehrliche Antwort ist: Ja, es ist und wird von Mal zu Mal mühsamer. Was einst als Besonderheit von Italienern, Franzosen und einigen anderen angesehen wurde, ist keine Besonderheit mehr. Nach und nach scheinen alle freiheitlichen Staaten ihrer Unregierbarkeit zuzustreben. Denn alle sind von einem Spaltpilz befallen, der sie nicht nur in Teile zerlegt, sondern geradezu pulverisiert.

Belege hierfür finden sich in allen Bereichen, von den Parlamenten bis hin zu den Familien. Im Bundestag beispielsweise sind ja mittlerweile nicht nur sieben Parteien vertreten – das hat es auch früher gelegentlich gegeben –, nein, jede dieser Parteien zerfällt in weitere Parteiungen, die keineswegs harmonisch zusammenwirken. Im Grunde ließen sich unschwer zwei Dutzend politisch eigenständige Fraktionen bilden, was nur deshalb nicht geschieht, weil dann zu viele durch den Rost der Fünf-Prozent-Klausel fielen.

Dieser Zerfall setzt sich fort in Gewerkschaften, Kirchen, Universitäten und Vereinen. Da kann man oft nicht miteinander. Zu unterschiedlich sind die Interessen und zu groß die Verlockungen, diese Unterschiede auszuleben. Wozu auf die Belange anderer Rücksicht nehmen? Die tun das doch auch nicht. Schließlich ist sich jeder selbst der Nächste. Das war das vielleicht Quälendste der zurückliegenden Wochen und Monate: das unsäglich Enge, Kleingeistige, Rechthaberische und Eitle.

Jeder kämpft für sich

Da mag von Kanzeln und Tribünen noch so lautstark an den Gemeinsinn appelliert werden. In der Stunde der Wahrheit zerfällt diese Gesellschaft mitsamt ihren Institutionen und Organisationen in kleinste Einheiten, die mit Kralle und Zahn ihre Vorteile gegenüber anderen zu wahren und zu mehren suchen: Dabei fordern alle ganz selbstverständlich nur, was ihnen zusteht. Alle kämpfen für die gerechte Sache, oder besser noch: Gerechtigkeit als solche. Nimm, was dir zusteht, und wenn es dir nicht zusteht, nimm es trotzdem. So zu denken und zu handeln entspricht der generationenlangen Konditionierung der jetzt Aktiven. Suche deinen Vorteil, mehre dein Individualwohl! Das Ganze wird schon für sich selber sorgen. Doch so eingängig dieser Satz vielen erscheinen mag – er ist nicht nur falsch, er ist auch zerstörerisch.

Das Gemeinwohl ist nämlich nicht nur die Summe allen Individualwohls. Es ist etwas qualitativ anderes und ungleich Größeres. Das Gemeinwohl muss gewollt sein, von jedem Einzelnen und dem Gemeinwesen als Ganzes. Erlischt dieses Wollen, hört das Gemeinwesen auf zu sein. Zwar gibt es noch die historischen Wegmarken, in denen Gemeinsinn hell auflodert. Die deutsche Wiedervereinigung war eine solche Marke und auch die Bereitschaft, binnen eines Jahres fast eine Million Kriegsflüchtlinge aufzunehmen. Aber die lodernden Feuer werden schnell zu Asche. Die Gesellschaft zerfällt wieder in ihre antagonistischen Gruppen und Grüppchen.

Ohne Gemeinsinn keine Zukunft

Dieser Zerfall könnte weiter vorangeschritten sein, als viele meinen. Wofür stehen wir denn noch gemeinsam – in unserer unmittelbaren Nachbarschaft, unserer Gemeinde, von Deutschland, Europa und der Welt ganz zu schweigen? Stehen wir für eine digitale Zukunft? Das wäre doch wohl allzu ärmlich. Wofür stehen wir aber dann, alle gemeinsam? In einer von Partikularinteressen zersplitterten Gesellschaft fällt die Antwort schwer. Menschenrechte? Demokratie? Welche Opfer sind wir bereit, für sie zu erbringen? Sehr eindrucksvoll ist der Einsatz nicht. Jeder kocht sein eigenes Süppchen. Trotz allen politischen Haders – ohne Gemeinsinn geht es nicht.

Februar 2018

Von Menschen, Männern und Frauen

»Und Gott schuf den Menschen ... als Mann und Frau.« Auch wenn diese Erkenntnis ihren Niederschlag bereits vor schätzungsweise 3000 Jahren im Alten Testament gefunden hat, hat sie bisher die Kulturen nur in Bruchstücken durchdrungen. Manche haben sich ihr sogar ganz verschlossen. Der Mensch als Mann und Frau!

Die Lebenswirklichkeit ist immer noch manndominiert. Zwar hat hier vornehmlich in der sogenannten westlichen Welt in historisch neuer Zeit ein gewisses Umdenken eingesetzt. Aber das Frauenwahlrecht gibt es in den meisten Ländern gerade einmal hundert Jahre, Frauen an der Spitze eines Unternehmens oder Orchesters sind immer noch Ausnahmen, und die Forderung nach speziellen Frauenquoten hat sich längst nicht erübrigt. Lediglich im Erziehungs- und Gesundheitsbereich und zunehmend in der Justiz sind Frauen inzwischen unübersehbar präsent.

Frauen, die außerhalb dieser Bereiche ihren Weg gehen wollen, tun sich jedoch nach wie vor leichter, wenn sie sich in Präferenzen, Sprache, Habitus und anderem mehr der Männerwelt anpassen. In Maßen dürfen sie sein wie Frauen. Aber denken und handeln sollen sie möglichst wie Männer.

Wie schwer es offenkundig nicht nur Männern, sondern auch Frauen fällt, das Weibliche im gesellschaftlichen Miteinander zu akzeptieren und vielleicht sogar zu schätzen, zeigt sich in diesen Wochen und Monaten geradezu paradigmatisch bei der Kritik an der Bundeskanzlerin. Prüft man etwas genauer, woran sie sich entzündet, dann sind dies ausnahmslos Entscheidungen, die die meisten Männer vermutlich anders, wenn auch nicht richtiger getroffen hätten.

Ungewohnt Weibliches im gesellschaftlichen Miteinander

Im Kern ging es jedes Mal um einen Konflikt zwischen Menschen und Normen, der durch die Kanzlerin zugunsten von Menschen entschieden wurde: Rettungsschirme für Griechenland, Abschaffung der Wehrpflicht, eine Energiewende unter dem Eindruck der Kernkraftkatastrophe von Fukushima und schließlich die Entscheidung, Kriegs- und andere Flüchtlinge in großer Zahl nach Deutschland einreisen zu lassen.

Die Art und Weise, wie diese Entscheidungen zustande kamen und begründet wurden, haben vielen nüchternen Beobachtern nicht ohne Grund die Haare zu Berge stehen lassen. Wieder und wieder wurden Recht, Gesetz und althergebrachte Gewohnheiten gestaucht und gedehnt. Aber allen diesen Entscheidungen liegt eine gewisse Fürsorglichkeit zugrunde, die bei Männern eher selten anzutreffen ist: Das kann man den Menschen nicht zumuten! Hier müssen kreative Lösungen her! Hier müssen Normen weichen!

Wenn nicht alles täuscht, bahnt sich hier ein tief greifender kultureller Wandel an, der uns allen noch viel abverlangen wird. Nicht nur staatliche und rechtliche Ordnungen, auch die Kunst, die Technik, die Formen, in denen wir miteinander umgehen, Feste feiern, Konflikte austragen und im äußersten Fall Kriege führen, werden – je länger, je mehr – von Menschen gestaltet werden, die geschaffen wurden als Mann und Frau. Das ist nicht mehr und nicht weniger als der Beginn einer kulturellen Epoche, mit der wir bisher nicht vertraut sind, die aber mit Sicherheit spannend und fruchtbar sein wird.

Dies ist der Beginn einer spannenden und fruchtbaren kulturellen Epoche

März 2018

Leere Feste

Alles wie gehabt: Ostereier, Osterhasen (vorzugsweise aus Schokolade), Osterschinken (abhängig von der jeweiligen Region), Osterspaziergänge (oder besser noch: Osterreisen an mehr oder minder ferne Gestade) und vieles anderes mehr, was sich hübsch an Ostern schmiegt. Und wie gehabt fehlte auch diesmal für die meisten das, was dereinst als geistiger Gehalt, als Spiritualität eines solchen Fests bezeichnet worden ist.

Nun sind ganz sicher eine gewisse Brauchtumspflege und das Setzen von Zäsuren im Jahresverlauf ein Wert, der nicht gering erachtet werden sollte. Aber genügt das, um eine Gesellschaft auf Dauer auf einem kulturell und zivilisatorisch gehobenen Niveau zu halten? Oder verliert eine solche auf Brauchtumspflege beschränkte Gesellschaft nicht früher oder später ihre geistige Substanz?

Feste zu feiern – das bedeutete kulturgeschichtlich immer auch innezuhalten und sich singulär menschlicher Fähigkeiten und Bedürfnisse jenseits von Nahrung und Obdach bewusst zu werden. Bei Festen ging es ganz wesentlich um Anfang und Ende, Werden und Vergehen, Schuld und

Vergebung, Erfolg und Scheitern, kurz, es ging um Dimensionen, die nur der Mensch durchmessen kann.

Das gilt nicht nur für den christlichen Jahreskreis. Vielmehr finden sich die spirituellen Kerne, die eigentlichen Anliegen von Weihnachten, Ostern, Pfingsten und zahlreicher anderer christlicher Feste, in der einen oder anderen Form in allen Religionen wieder. Sie alle wollen über das Hier und Heute hinausweisen und nicht zuletzt dadurch dem Menschen einen Rang geben, den er als bloßer Produzent und Konsument materieller Güter nie erlangen kann.

Es werden Konsumfestivals statt Feste gefeiert

Genau hierauf reduziert ihn jedoch die heutige Festtagspraxis der westlichen Welt. Der Mensch soll genießen, möglichst viel essen und trinken, Geschenke empfangen und verteilen und seinem Mobilitätsdrang ungehemmt frönen. Mehr wird von ihm nicht erwartet, und zu mehr sind die meisten wahrscheinlich auch gar nicht mehr in der Lage. Denn sie sind die Geschöpfe einer Kultur, die überaus erfolgreich Feste durch Konsumfestivals ersetzt hat.

Welche Folgen dies hat, ist schon jetzt erkennbar. Unsere Kultur verarmt, woran auch prachtvolle Museumsbauten, spektakuläre Ausstellungen und großartige Konzerte wenig ändern. So wertvoll das alles ist, es ist kein Ersatz für das Streben einer Gesellschaft, sich aus allzu großer Erdennähe zu erheben und über sich selbst hinauszuwachsen. Feste, zumindest jene, die als Zäsuren im Leben einer Gesellschaft gedacht waren, waren die Zielmarken solchen Strebens.

Sie sind dies nicht länger. Wer in ihnen noch geistigen Gehalt sucht, sucht weithin vergebens. Die Welt, sie ist nicht so. Vom Zauber, den man einst in ihr zu spüren meinte, ist nicht viel geblieben. Das, was heute als Fest bezeichnet und in der Regel durch die Befreiung von Erwerbsarbeit aus dem täglichen Einerlei herausgehoben wird, spiegelt die Leere wider. Wieder richtige, geistig gehaltvolle Feste zu feiern bedarf großer individueller und kollektiver Anstrengungen. Doch ohne diese Anstrengungen wird die Entleerung unserer Kultur weiter voranschreiten.

April 2018

Positionen

Der Maifeiertag hat ihn erneut ins öffentliche Bewusstsein gebracht – den fairen Lohn. Was aber ist ein fairer Lohn? Bei einem sozial und human vertretbaren Arbeitseinsatz soll er ein auskömmliches Leben ermöglichen. Was aber ist sozial und human vertretbar, und was ist auskömmlich? Die etwa 5 Euro, die kaufkraftbereinigt der kenianischen Teepflückerin nach einem Zehn-Stunden-Tag zuerkannt werden, oder die 90 Euro, die eine Erdbeerpflückerin in Deutschland nach acht Stunden Arbeit erhält?

Dann eben Leistung. Wer viel leistet, soll mehr haben als einer, der wenig leistet. Wie aber misst man Leistung? Beim Akkordarbeiter oder bei einfachen Diensten mag dieses Kriterium noch sinnvoll sein. Aber dann? Was hätte der Rat der Stadt Leipzig seinem Thomaskantor Bach zahlen müssen, um seine Leistung fair zu entlohnen? Der Mann war unbezahlbar! Oder wie soll die Leistung eines Unternehmensvorstands gemessen werden, dessen Erfolg oder Misserfolg zu großen Teilen von Umständen abhängt, auf die er nicht den geringsten Einfluss hat? Nein, der faire, weil leistungsgerechte Lohn war schon immer eine Fiktion.

Was aber entscheidet dann über den »fairen Lohn«? Die deutschen Gewerkschaften versuchen gar nicht erst, hierauf eine schlüssige Antwort zu geben. Stattdessen lassen sie ihre Mitglieder mit erfrischender Ehrlichkeit skandieren: Mehr Lohn, weil wir uns das wert sind.

So verstörend dies sein mag: Bei Licht besehen, bestimmt weder die Auskömmlichkeit noch die Leistung die Einkommenshöhe, sondern die bekleidete Position. Es gibt Positionen, da können die Menschen machen, was sie wollen, sie kommen nie auf einen grünen Zweig. Und es gibt andere, da sprudeln die Quellen, unabhängig davon, was dort geleistet wird.

Die jeweilige Position bestimmt die Einkommenshöhe

Was Wunder, dass individuelles und gesellschaftliches Ringen im Kern vor allem darum geht, sich richtig zu positionieren – die richtige Lohnstufe, die richtige Gehaltsgruppe, die richtige Sprosse auf der Karriereleiter … Das ist für das Wohlergehen des Einzelnen weit bedeutsamer als die erbrachte Leistung. Diese ist allenfalls Mittel zum Zweck, sich bestmöglich zu platzieren.

Die meisten wissen das, weshalb sie für das Erklimmen einer lukrativen Position oft mehr Energie aufwenden als für die mit ihr einhergehenden Anforderungen. Zur rechten Zeit am rechten Ort zu sein zählt zumeist mehr als viel zu wissen, zu können und sich selbstlos einzubringen. Und weil das so ist, wird gezogen und geschoben, werden Beziehungen und Netzwerke geknüpft, werden einmal erlangte Privilegien zäh verteidigt und, wenn irgend möglich, an Kinder und Günstlinge weitergereicht.

So ist der Mensch. Aber dem allgemeinen Wohl ist dieses Verhalten höchst abträglich. Denn es behindert die Freisetzung schöpferischer Kräfte und die fortdauernde Erneuerung der Gesellschaft. Eine Kultur, die derartiges Denken und Handeln fördert, schwächt sich. Fördern sollte sie vielmehr die Bereitschaft der Menschen, sich ein wenig von ihren archaischen Neigungen zu lösen und ihre Positionen nicht bis zum Äußersten zu nutzen. Vielleicht ist es ja für alle ein Vorteil, hin und wieder einem weniger Beziehungsreichen, aber Fähigeren den Vortritt zu lassen. Die Menschen im alten China sind jedenfalls mit dieser Vorgehensweise jahrhundertelang gut gefahren.

Kampf um Positionen behindert gesellschaftliche Erneuerung

Mai 2018

Wettbewerb

Amerika first. Italien, Ungarn, Polen first. Und was Staaten recht ist, ist Verbänden, Unternehmen und selbst Einzelpersonen billig. Alle wollen, dass ihre Interessen Vorrang genießen, sie an der Spitze stehen, Sieger sind. Der Weg dorthin? Wettbewerb.

Er beginnt in der Kita, setzt sich in der Schule und im Erwerbsleben fort und endet selbst im Alter nicht. Das ganze Leben ist durchdrungen von Wettbewerb. Spätestens seit Anbruch des Kapitalismus ist er das gesellschaftliche Leitbild. Gesellschaften, die auf sich halten, sind Wettbewerbsgesellschaften. Diese Gesellschaften haben es weit gebracht. Zumindest sind sie erfolgreicher und in der Regel materiell wohlhabender als andere. Ein Hoch auf den Wettbewerb!

Wettbewerb macht auch Spaß. Das beweisen die zahlreichen Fans, die regelmäßig ihre Matadoren anspornen und ihnen gegebenenfalls zujubeln. Doch da scheint bereits das hässliche Gesicht des Wettbewerbs auf. Denn wo es Gewinner gibt, gibt es Verlierer. Den Siegern stehen Besiegte gegenüber. Wie gehen Einzelne, Gruppen oder Völker hiermit um?

Die Beantwortung dieser Frage rührt an den Kern von Kultur. Als Kain im Wettstreit um Gottes Gunst seinem Bruder Abel unterliegt, erschlägt er ihn. Ein probates Mittel war das nicht, auch wenn es in der Folgezeit immer wieder praktiziert wurde. Die Menschen mussten nach besseren Wegen suchen.

Dabei erwiesen sie sich als bemerkenswert kreativ. Der Sieger wurde zu Großmut angehalten, die Niederlage verbrämt. Zählte bei den olympischen Spielen der Antike ausschließlich der Sieger (der Verlierer hatte sich ganz ähnlich wie im Tierreich zu trollen), so heißt es heute begütigend, wenn auch nicht sehr glaubwürdig: »Dabei sein ist alles.«

Ist ein gedeihliches Zusammenleben überhaupt möglich?

Doch damit ist das Problem nicht aus der Welt. Vielmehr stellt es sich tagtäglich aufs Neue, und nirgendwo stellt es sich schärfer als in den heutigen Wettbewerbsgesellschaften. Wie ist hier ein gedeihliches Zusammenleben von Gewinnern und Verlierern, von Siegern und Besiegten möglich? Ist es überhaupt möglich?

Der Blick in die Geschichte stimmt wenig hoffnungsfroh. Auf Dauer hat es nie funktioniert. Weder waren die Gewinner bescheiden und demütig genug, noch hatten die Verlierer die nötige Langmut. Fast ohne Ausnahme endeten Staaten und Zivilisationen in diesem Konflikt: Die Verlierer begehrten gegen die Gewinner auf, und diese erwiesen sich nicht selten als unterlegen.

Das sollte zu denken geben. Denn die heutigen Wettbewerbsgesellschaften sind in ihrem ständigen Ringen um

Vorherrschaft gerade dabei, sich buchstäblich zu zerlegen. So segensreich Wettbewerb sein kann und oft auch ist, er kann auch ein verzehrendes Feuer sein.

Auch der Wettbewerb bedarf deshalb – wie alles Menschenwerk – kluger Beschränkung. Stets der Erste sein zu wollen ist nicht nur im Leben des Einzelnen ein fragwürdiges Ziel. Im Leben von Gemeinschaften und Völkern kann seine Verfolgung zerstörerisch wirken. Die Einbettung in Gemeinschaft, das Sozialverträgliche ist nicht nur ebenso wichtig wie Wettbewerb. Es ist überlebenswichtig.

Juni 2018

Hoffart

Noch bis in die 1960er-Jahre hinein fand es sich nicht nur in den Beichtspiegeln der katholischen Kirche, zugleich galt es als die erste und schlimmste der sieben Hauptsünden: das Laster der Hoffart. Inzwischen ist nicht nur der Begriff aus der Mode gekommen. Auch das, wofür er stand, hat an Verwerflichkeit eingebüßt: Hochmut, Anmaßung, Überheblichkeit, Eitelkeit, Selbstgerechtigkeit, Narzissmus …

Wie selbstverständlich und gesellschaftlich akzeptiert das alles geworden ist, wird deutlich, wenn dem Laster der Hoffart die kontrastierenden Tugenden gegenübergestellt werden: Demut und Bescheidenheit. Wer will in der Welt von heute noch demütig und bescheiden sein? Dann lieber anmaßend, überheblich und eitel.

Ganze Erwerbszweige haben sich aufgemacht, just solche Attribute zu fördern. Ihr Daseinszweck ist es, alles und jedes zum Strahlen zu bringen, und sei es, bei Licht besehen, auch noch so kümmerlich. Ihr Wirkungsbereich ist beinahe grenzenlos, und ihre Erfolge sind beträchtlich.

Das beginnt mit den zur Manie gesteigerten Selfie- und Facebook-Auftritten und endet bei den vielen Größenwahnsinnigen, die im Lauf der Geschichte geglaubt haben, ihr Volk oder besser noch die ganze Welt beherrschen zu können und zu müssen. Dazwischen liegt ein weites Feld, auf dem jedweder gesellschaftliche Bereich angesiedelt ist, sei es die Wissenschaft, die Kunst, die Wirtschaft und ganz besonders die Politik. Sie alle sind vollgepfropft mit Hochmut und Anmaßung, Überheblichkeit und Eitelkeit, Selbstgerechtigkeit und Narzissmus.

Welchem Wissenschaftler, welcher Wissenschaftlerin kommt es schon leicht über die Lippen, dass ihr Wissens- und Könnensschatz in Wahrheit äußerst begrenzt ist und große Lücken aufweist? Welcher Künstler tritt schon bescheiden hinter sein Werk zurück und räumt ein, dass nicht nur er, sondern eine ganze Epoche es geschaffen hat? Was wären die Berühmtheiten ihrer Zeit, die Musiker, Maler, Bildhauer, Dichter und Architekten ohne die Heerscharen derer, die im Dunkeln oder Halbdunkeln das Material bereitstellen, das sie verarbeiten?

Hoffart ist überall

Und dann die Wirtschaft. Da gibt es Männer und Frauen, die mit großer Selbstverständlichkeit für sich das Hundert- oder Zweihundertfache dessen beanspruchen, was sie ihren Mitarbeitern zugestehen, obwohl sie ohne diese keinen Tag überdauern würden – hochmütig, anmaßend, überheblich.

Schließlich die Politik. Nicht wenigen ihrer Repräsentanten fällt es offenkundig äußerst schwer, sich und anderen einzugestehen, dass sie wie alle fehlsame, von Vorurteilen und Launen gebeutelte Menschen sind, die viel weniger vermögen, als sie auf offener Bühne vorgaukeln. Die Tragik: Die Hoffart von Politikern reißt oft mehr mit als sie selbst. Sie hat schon ganze Reiche zum Einsturz gebracht.

Vielleicht lagen die Altvorderen gar nicht so verkehrt, als sie schon vor über 1500 Jahren das Laster der Hoffart, der Anmaßung und Überheblichkeit zur ersten der Hauptsünden erklärten, einer Sünde also, in der zahlreiche weitere Sünden wurzeln.

Demut statt Hoffart

Vielleicht waren wir Nachgeborenen etwas zu voreilig, dieses Laster zunächst zu bagatellisieren und ihm allmählich das Mäntelchen einer Tugend umzuhängen. Große Veränderungen beginnen im Kopf. Wie wäre es mit dieser: Demut statt Hoffart in allen Bereichen gesellschaftlichen Miteinanders. Das klingt wie ein Echo aus längst vergangener Zeit und ist doch brennend aktuell.

Juli 2018

Pflegenotstand

Gemessen am Mittel- und Personalaufwand, hat sich der Pflegebereich zu einer tragenden Säule des Sozialsystems entwickelt. Nachdem vor vierzig Jahren die Bayerische Beamtenkrankenkasse noch recht zögerlich ein Pflegekostentagegeld eingeführt hatte, dauerte es volle siebzehn Jahre, ehe der Bundesgesetzgeber 1995 eine umfassende soziale Pflegeversicherung verabschiedete. Doch dann ging es mit sich beschleunigendem Tempo Schlag auf Schlag: 2002 ein Pflegeleistungsergänzungsgesetz, 2012 ein Pflege-Neuausrichtungsgesetz, 2015 ein Pflegestärkungsgesetz 1, 2017 ein Pflegestärkungsgesetz 2. Und weitere kosten- und personalintensive Maßnahmen sind in Vorbereitung. Die Wirkungen sind beträchtlich. Abgesehen von einem gewaltigen Haushalt, hat sich allein in den zurückliegenden zwanzig Jahren die Zahl der im Pflegebereich Beschäftigten mit mehr als 1,1 Millionen annähernd verdoppelt. Und das Ergebnis: anhaltender, nein zunehmender Pflegenotstand.

Was ist da zu tun? Noch mehr Geld, noch mehr Pflegende? Vielleicht. Vielleicht ist aber auch die Zeit reif für die Einsicht, dass unsere Gesellschaft weder fürsorglich noch achtsam, weder mitfühlend noch pfleglich ist. Da wird einfach gnadenlos auf Kosten der Nachwachsenden ge-wirtschaftet und konsumiert. Da verlassen Hunderttausende zumeist Väter ihre minder-jährigen Kinder, wohlwissend, dass sie damit diese nicht selten in relative Armut und ins soziale Abseits stoßen. Da setzen Interessen-verbände selbst partikularste Interessen durch und lassen andere dafür zahlen. Da werden Lebensstile ze-lebriert, die unvermeidlich Mitmenschen hierzulande und weltweit leiden lassen.

Wir sind keine fürsorgliche Gesellschaft

Nein, dies ist keine Gesellschaft von Gutmenschen und Kümmerern, von Sorgenden und Tröstenden und nicht zu-letzt von Pflegenden in des Wortes umfassender Bedeutung. So gesehen, ist der zu Recht beklagte Pflegenotstand nur ein Glied in einer Kette, die sich für viele durch das ganze Le-ben zieht und allein mit Geld kaum zu durchbrechen ist.

Denn es ist auch eine Form von Pflegenotstand, wenn eine hochschwangere Frau oder ein sichtlich gebrechlicher Greis in einem voll besetzten Bus stehen müssen, während es sich junge Männer und Frauen auf den Sitzen bequem gemacht haben. Es ist auch eine Form von Pflegenotstand, wenn Kinder in der Schule und Erwachsene am Arbeits-platz einander brutal mobben, wenn Menschen erst durch den Verwesungsgeruch auf den Tod ihres Nachbarn auf-merksam werden.

In einem wirtschaftlich so wohlhabenden Land wie Deutschland ist Pflegenotstand nicht so sehr ein finanzielles als vielmehr ein kulturelles Problem. Was ist los mit einer Gesellschaft, die sich überlebenswichtige Kümmerer und Sorgende, von der Altenbetreuerin bis hin zum Seelsorger, aus immer ferneren Ländern holen muss, weil im eigenen Land der Dienst am Nächsten als »uncool« gilt? Wo sind in dieser Gesellschaft die Kindergärten und Schulen, die Universitäten und Betriebe, die zu Empathie und Rücksichtnahme befähigen oder diese zumindest zulassen?

Pflegenotstand ist ein kulturelles Problem

Deutschland als rohstoffarmes Land ist gut beraten, die Hirne seiner Bürger zu entwickeln. Aber es wird scheitern, wenn es nicht zugleich deren Fähigkeit zu Anteilnahme, wechselseitigem Verständnis, Gemeinsinn oder kurz, deren Mitmenschlichkeit entfaltet. Nur dann wird auch der die ganze Gesellschaft betreffende Pflegenotstand überwunden werden können. Alles andere ist Stückwerk.

August 2018

Souveränität

Ein Gespenst geht um in Europa. Doch diesmal ist es nicht – wie Karl Marx vor 170 Jahren wähnte – das Gespenst des Kommunismus, sondern das Gespenst der Souveränität, das immer mehr in seinen Bann zu ziehen scheint. Wer reklamiert nicht alles Souveränität, sprich Unabhängigkeit, Überlegenheit, Sicherheit? Pubertierende Jugendliche, Wasserwirtschaftsverbände, Gemeinden und selbstverständlich Staaten und Staatengemeinschaften. Was ist das gemeinsame Credo von Briten, Italienern, Ungarn, Polen und nicht zuletzt auch Deutschen? Wir wollen unsere Souveränität!

Nun ist gegen dieses Begehren an sich nichts einzuwenden. Was soll verwerflich sein an Unabhängigkeit, Überlegenheit und Sicherheit? Allein, diesem Begehren fehlt die Substanz, und das macht es so gespensterhaft. Denn wer oder was kann unter den Bedingungen des 21. Jahrhunderts unabhängig und sicher sein? Diese Frage stellt sich sogenannten Großmächten wie den USA oder China im Prinzip nicht anders als den walisischen Kleinbauern, die ihr Votum für einen Brexit lautstark mit der Wiedererlangung ihrer Souveränität begründen.

Wie eng die Souveränitätsgrenzen gezogen sind, erfährt der Bürger spätestens dann, wenn er seine Alters- und Krankenvorsorge nach eigenen Vorstellungen organisieren will. Dies wird ihm unter Androhung empfindlicher Sanktionen verwehrt. Oder was ist mit Eltern, die mit ihren Kindern einen anderen als den staatlich etablierten Bildungsweg einschlagen wollen? Was ist mit beruflichen Karrieren, Bauordnungen oder den tausend Regeln und Vorschriften, die den Alltag jedes Einzelnen bis zum Ersticken einschnüren? Für viele dieser Restriktionen gibt es einsichtige Gründe. Was aber bedeutet dann noch Souveränität?

Der Forderung nach Souveränität fehlt die Substanz

Nicht anders ergeht es Staaten und Staatengemeinschaften, auch denen, die besonders laut auf ihre Souveränität pochen. Selbst ein Donald Trump musste schnell einsehen, dass die Macht des »mächtigsten Mannes« der Welt, bei Licht besehen, doch recht beschränkt ist. Oder die Exiteers, denen es zwar freisteht, die EU zu verlassen, die sich aber ganz schnell in neuen und wahrscheinlich unbequemeren Bindungen als den bisherigen wiederfinden werden.

Wie immer man es wendet: Die Epoche, in der jeder seines Glückes Schmied sein sollte und mitunter auch konnte und blutige Kriege zur Verteidigung oder Wiedererlangung nationaler Souveränität geführt wurden, ist zu Ende gegangen. Jetzt gilt es, sich einzubringen in größere Einheiten, von Individuen bis hin zu Staaten. Unabhängigkeit und Überlegenheit und ganz gewiss auch Sicherheit sind in Alleingängen nicht mehr zu verwirklichen. Der stolze Held, der unbeirrt seinen eigenen Weg geht und von niemandem abhängig ist, ist ein Phantom. Wenn Nationalstaaten von der Wiederherstellung vergangener Größe träumen, dann ist das rührend oder tragikomisch, aber keinesfalls visionär.

Keine Exklusivrechte mehr

Die Epoche der Postsouveränität erfordert neue Qualitäten, neues Denken und eine neue Kultur. In dieser Epoche ist es absurd, Positionen zu vertreten wie: »Diese Stadt oder dieses Land gehört uns.« Denn Exklusivrechte gibt es nicht länger. Das heißt nicht, dass alles allen gehört. Doch wem was gehört, gilt es immer wieder auszuhandeln. Wirklich souverän ist hierbei keiner – ganz gewiss nicht im Großen und nur ausnahmsweise im Kleinen.

September 2018

Events, my boy!

Events, my boy, events. Das war die Antwort des einstigen britischen Premierministers Harold Macmillan auf die Frage eines Parlamentsnovizen, was das Schwierigste an der Politik sei. Ereignisse.

Diese Antwort mag spontan einleuchtend sein. Richtig ist sie deshalb noch nicht. Denn alles in allem geht die Politik recht bravourös mit Ereignissen wie Naturkatastrophen, Währungskrisen oder Börsencrashs um. Und selbst bei Monsterereignissen wie Kriegen hält sie das Ruder mitunter erstaunlich lange fest in der Hand. Als erstaunlich hilflos erweist sie sich hingegen in ganz anderen Situationen.

Während bei »Ereignissen« schnell die Alarmglocken schrillen und alle Kräfte mobilisiert werden, bleibt es in jenen anderen Situationen nicht nur anfangs, sondern oft bis zum bitteren Ende weitgehend ruhig. Die Rede ist von den schleichenden, kaum spürbaren Prozessen, die ganze Gesellschaften und mitunter Kulturen und Zivilisationen zum Einsturz bringen können.

Da ersetzt sich eine Bevölkerung seit einem halben Jahrhundert ohne wirkliche Aussicht auf eine Trendwende nur noch zu zwei Dritteln in der Zahl ihrer Kinder. Und was tut sie, was tut die Politik? Stellt sie sich zielstrebig und mit allen Konsequenzen darauf ein, dass sie eher früher als später unter Arbeitskräftemangel leiden, einen zügig wachsenden Altenanteil zu versorgen und zugleich immer mehr Menschen aus fernen Kulturen zu integrieren haben wird?

Gewiss wird hierüber hin und wieder geredet. Aber der an sich gebotene Aufschrei und die emotionale Erschütterung, die hiermit einhergehen müsste, bleiben aus. Das ist etwas für Handwerksbetriebe, karitative Einrichtungen und Nachbarschaftshilfen.

Wir erleiden eine demografische Auszehrung

Wie naiv und dümmlich über das Drama der Bevölkerungsentwicklung in Deutschland und Europa einerseits und – gegenläufig – weltweit andererseits geredet wird, ist schwer erträglich. Aber die Politik kann sich nicht aufraffen, das Notwendige zu tun. Das ist ihr zu schwierig. Dann lieber Ereignisse!

Oder dass wir uns in den entwickelten Industrieländern längst außerhalb der ökologischen Tragfähigkeitsgrenzen der Erde bewegen und uns mit jedem Wachstumsprozent weiter von diesen Grenzen entfernen. Jeder, der es wissen will, weiß, dass wir so wie in den zurückliegenden Jahrzehnten unmöglich weiter konsumieren und produzieren können. Doch Aufschrei und Erschütterung bleiben abermals aus. Sollen sich doch die Ökofreaks damit befassen. Wer kann, bestellt erst einmal seinen nächsten SUV.

Nein, es sind nicht Ereignisse, die zu bewältigen der Politik besonders schwerfiele. Es ist die Sicherung der gesellschaftlichen Existenzgrundlagen, die ihre Fähigkeiten zu übersteigen scheinen. Aber vielleicht ist es ja auch so, dass die Politik vor lauter Ereignissen nicht mehr dazu kommt, sich ihren eigentlichen Aufgaben zu widmen. Diese Aufgaben mögen weniger spektakulär und effektvoll sein als so manches Ereignis. Aber Ereignisse kommen und gehen. Von ihnen gibt es fast täglich ein neues. Die Sicherung der Existenzgrundlagen – materiellen wie immateriellen – ist hingegen überlebenswichtig.

Oktober 2018

Volksparteien

Wahlprognosen sind manchmal genau und manchmal unge-
nau. Doch in einem sind sie seit geraumer Zeit treffend: Die
großen Parteien – einst »Volksparteien« genannt – schrumpfen, und kleine Parteien erstarken.

Das ist nicht nur in Deutschland so, sondern gilt für
viele westliche Demokratien, auch wenn der Prozess der
Zersplitterung – wie in den USA – durch die Klammer eines tradierten Parteinamens überdeckt wird. Wie große Eis-
schollen, die in wärmere Gewässer driften, allmählich in
eine Vielzahl kleinerer zerfallen, so zerfallen jetzt die großen Parteien.

Gelegentlich kann dieser Prozess verlangsamt werden.
Aufzuhalten ist er nicht. Wie auch, wenn die Wähler vor-
maliger Volksparteien sich nicht nur neu orientieren wollen, sondern in entgegengesetzte Richtungen drängen. Da
ist es wenig sinnvoll, »klare Kante« oder einen »klaren Kurs«
zu postulieren, und noch weniger sinnvoll ist es, sein Heil
im Austausch des politischen Führungspersonals suchen zu
wollen. Das mag für den Moment belebend wirken, am eigentlichen Dilemma ändert dies nichts.

Denn wie muss eine Parteienlandschaft aussehen, in der jeder Bürger beansprucht, sein eigener Religionsstifter, Gesetzgeber, Richter und anderes mehr zu sein? Warum sollen solche mit allen Fasern nach Autonomie strebenden Menschen sich ausgerechnet im Bereich der Politik zu großen homogenen Formationen zusammenschließen und einen gemeinsamen Willen bekunden?

Nicht zuletzt dank moderner Technik kann doch jeder nicht nur seine eigene Partei gründen und betreiben. Er – und selbstverständlich auch sie – können sich problemlos mit Gleichgesinnten zusammenschließen und für ihre Ideen werben. Das mag die vom Grundgesetz vorgesehene politische Willensbildung sowie die Regierbarkeit des Volkes erschweren. Doch das ist die derzeitige Wirklichkeit.

Jeder ist sein eigener Religionsstifter, Gesetzgeber und Richter

Die etablierten und sich künftig etablierenden Parteien müssen ihr Rechnung tragen. Mit dem Schärfen von Profilen ist es nicht mehr getan. Wer fragt denn in einer weitgehend heterogenen, von Gruppen- und Individualinteressen geleiteten – oder vielmehr: gepeitschten – Bevölkerung noch nach liberalen, sozialen und ähnlichen Ausrichtungen?

Die Bürger sind alles gleichzeitig: gelegentlich stockkonservativ und dann wieder ultraliberal, an einem Tag Verfechter sozialer Gerechtigkeit und am nächsten Tag Verteidiger von Privilegien, und seien diese auch noch so ungerechtfertigt. Wenn hohe Anteile der Bevölkerung erst in der Wahlkabine entscheiden, wem sie ihre Stimme geben, dann spricht das nicht für sorgfältige Erwägungen. Dann spricht der Bauch, und Tagesstimmungen geben den Ausschlag.

Auf dieser Grundlage Mehrheiten zu bilden und zu regieren ist nicht einfach. Zwar rufen die Bürger nur allzu gerne nach politischer Führung. Aber wehe, dieser Ruf würde erhört. Dann würden sie aufbegehren. Oder auch nicht. Denn schreitet die Zersplitterung der politischen Landschaft weiter voran, könnte die Sehnsucht nach Eindeutigkeit und Klarheit übermächtig werden. Wünschenswert wäre das nicht. Es könnte das Ende der Demokratie bedeuten. Doch auszuschließen ist eine solche Entwicklung nicht.

Regierbarkeit wird erschwert

November 2018

Zeit

Noch nie hatten Menschen – weltweit, namentlich aber in den westlichen Industrieländern – so viel Zeit, Lebenszeit, wie heute. Und wohl noch nie standen sie so unter Zeitdruck wie jetzt. Bereits Kleinkindern werden Stresssymptome attestiert, und Jugendliche leiden unter Burn-out. In den Großstädten reiht sich eine psychologische, psychiatrische oder psychotherapeutische Praxis an die andere. Und trotzdem schwillt die Zahl derer, die mit ihrem Alltag oder gar ihrem Leben nicht mehr zurechtkommen, immer weiter an.

Das alles ist wieder und wieder thematisiert und gründlich erforscht worden. Viele nehmen sich in Beruf und Freizeit, im Freundes- und Bekanntenkreis und selbst in der Partnerschaft zu viel vor und programmieren so ein immerwährendes Scheitern. Sie genügen weder sich selbst noch anderen. Das Leben ist für sie zu einer einzigen Teststrecke geworden, bei der sich – beginnend im Kindergarten und in der Schule – Prüfung an Prüfung reiht, und es nur allzu oft heißt: nicht bestanden.

Ein gesunder Ehrgeiz und das Streben, dieses oder jenes Ziel zu erreichen, sind das eine, Lebensentwürfe, deren Verwirklichung beim Arzt oder in der Psychiatrie enden, etwas anderes. Aber so weit braucht es gar nicht zu kommen. Schon das ewige »Ich habe keine Zeit« ist ein ernst zu nehmendes Anzeichen für ein aus den Fugen geratenes Leben. Denn Zeit gibt es immer und nicht selten sogar im Überfluss.

Um das zu erkennen, müssen wir sie jedoch nicht nur fließen lassen, sondern ihr gelegentlich auch Haltepunkte einräumen. Menschen früherer Epochen hatten hierfür ein feines Gespür. Die biblische Schöpfungsgeschichte lassen sie in einer großen Pause enden. Selbst für einen Gott sind sechs Tage zielvollen Schaffens genug. Dann nimmt er sich Zeit für Rückschau, Besinnung und Muße. War das, was ich getan habe, gut?

Gelegentlich Haltepunkte einräumen

Wie oft blicken wir Heutigen zurück und fragen uns, ob das, was wir getan haben, gut war? Offenbar nicht häufig genug. Sonst gäbe es schwerlich so viele misslungene Tage, Jahre und schlussendlich Leben, die – sofern überhaupt noch möglich – mit großen Mühen und Kosten wieder in einigermaßen lebenswerte Bahnen zurückgeführt werden müssen.

Individuen, Gruppen und Gesellschaften, die die Fähigkeit oder Übung verloren haben, regelmäßig innezuhalten, um den Wert dessen zu prüfen, was sie getan haben, haben auf Dauer ein existenzielles Problem. Vielleicht stehen wir deshalb heute vor so vielen Herausforderungen, die wir zwar allesamt selbst verursacht haben, von denen wir jedoch nicht wissen, wie wir sie lösen sollen. Stets fehlte die Zeit zu klären, was sich da zusammenbraut.

Doch diese Zeit muss sein – für den Einzelnen wie für die Gesellschaft als Ganzes. Gäbe sich der Einzelne hin und wieder Rechenschaft darüber, wie und womit er seine Zeit verbringt, würde er wahrscheinlich staunen, wie viel nicht nur überflüssig und sinnlos, sondern für ihn geradezu schädlich ist. Das gilt in noch höherem Maße für die Gesellschaft, die – beispielhaft gesprochen – heute die Flüsse renaturiert, die sie gestern kanalisiert, oder Straßen beruhigt, die sie soeben verkehrsgerecht ausgebaut hat.

Was fehlt, ist nicht Zeit, sondern das Geschick, mit ihr umzugehen. Und dieses Geschick erwirbt nur, wer Pausen, wirkliche Pausen zulässt. Wie viele? Vielleicht ist das biblische Maß ja noch immer gültig: sechs Siebentel der Zeit für Schaffen, Streben und Gestalten und ein Siebentel, um zu betrachten, was dadurch entstanden ist. Ein Siebentel – das dürften viele als kleine Ewigkeit empfinden. Das aber könnte das Bewusstsein dafür schärfen, wie viel Zeit wir an sich haben.

Zeit für Reflexion ist unverzichtbar

Dezember 2018

Veränderte Perspektiven

Jahreswechsel sind oft gute Anlässe, über die Zukunft nachzudenken. Wo wollen wir hin, und was erwartet uns? Zu Fragen wie diesen haben nicht nur professionelle Zukunftsforscher und Politiker, sondern auch Verbandsvertreter, Unternehmens- und Finanzberater und nicht zuletzt Heerscharen von Kaffeesatzlesern sehr viel beizutragen. Und niemand soll sagen, sie hielten mit ihren Einsichten hinter den Berg.

Allein, was nützen ihre Mühen? Betrachtet man die Silvesterprognosen der vergangenen Jahre und selbst Jahrzehnte, dann springt ins Auge, dass sie sich nur wenig verändern. Oder genauer: Kaum eine der wieder und wieder identifizierten Herausforderungen wird abgearbeitet. Stattdessen: Wiedervorlage im nächsten Jahr.

Beispiele: die atomare Bedrohung. Seit dem Zweiten Weltkrieg hängt sie als große schwarze Wolke über uns. Zwar hat sie sich verändert, kleiner geworden ist sie nicht. Oder das Waldsterben. Wir sprechen weniger darüber als vor fünfzig Jahren. Aber noch nie war der Zustand der Wälder welt- und europaweit sowie in Deutschland so schlecht wie heute. Oder die demografische Schieflage. Seit rund einem halben Jahrhundert werden beispielsweise hierzulande nur zwei Drittel der Zahl der Kinder geboren, die zur Erhaltung der Bevölkerung erforderlich sind. Zugleich explodieren die Bevölkerungszahlen weltweit. Planvoller, gesteuerter Ausgleich? Fehlanzeige.

Oder die Umwelt. Zwar ist sie mittlerweile in aller Munde, aber wirkliche Verhaltensänderungen sind bislang nicht wirklich eingetreten. So gab es 2018 in Deutschland mehr Flugpassagiere als jemals zuvor, obwohl das Fliegen zu den schlimmsten legalen Klimakillern gehört. Die Ferne lockt. Oder die globale Verteilung der Güter dieser Erde. Immer mehr ballt sich in den Händen von immer weniger. Dabei sind wenige Lektionen der Geschichte so eindeutig: Derartige Verteilungsungleichheiten haben schon immer Gesellschaften bis zum Kollaps destabilisiert.

Immer mehr ballt sich in den Händen von immer weniger

Der Gleichmut, mit dem Menschen dies über lange Zeit hinnehmen, ist bemerkenswert. Erstaunlich ist er nicht. Denn vieles spricht dafür, dass die Evolution sie auf Situationen wie diese nicht vorbereitet hat. Die Herausforderungen, die sie, historisch betrachtet, bis gestern zu meistern hatten, waren über Jahrzehntausende stets überschaubar und handgreiflich. Wie überlebe ich diesen Tag, den kommenden Winter? Die Welt war eng begrenzt. Der nächste breite Fluss, der nächste Höhenzug.

Und heute wird von ihnen erwartet, dass sie atomare Endlagerstätten bereitstellen, die Jahrtausende überdauern, dafür Sorge tragen, dass Quellen, die seit unvordenklicher Zeit sprudeln, immer weiter sprudeln, auch wenn sie ihnen längst das Wasser abgegraben haben. Kurz: Es wird von ihnen erwartet, dass sie weit vorausschauend, maßvoll und klug handeln. Wie gesagt: Die Evolution hat sie hierauf nicht vorbereitet. Das alles müssen sie erst noch lernen. Doch sie müssen es lernen, wenn die Berge ungelöster Probleme nicht immer höher und die Zukunftsszenarien nicht immer düsterer werden sollen.

Wir müssen lernen, vorausschauend, maßvoll und klug zu handeln

Januar 2019

Sackgassen

Jahrhundertelang bemühten sich einige der hellsten Köpfe des christlichen Abendlandes, die Existenz Gottes mittels logischer Operationen zu beweisen. Doch kaum schien ihnen das gelungen, wurden ihre kunstvollen Geisteskonstrukte von fundierten Gegenargumenten zerlegt. Die Existenz Gottes blieb bis zum heutigen Tage unbewiesen. Die menschlichen Verstandeskräfte sind einer solchen Aufgabe offenbar nicht gewachsen.

Ein wenig erinnert das an die Bemühungen von uns Heutigen, der Erde auf Dauer mehr abzuringen, als diese bereitstellen kann. Da wurden scheinbar endlose Wälder gerodet, bis eines Tages klar war: Stopp, wir bringen uns um. Was für ein Glück, dass es die Kohle gab. Doch kaum ein Wimpernschlag nach Beginn ihrer Nutzung verdunkelte sich der Himmel, und auch das fossile Zeitalter endete in einer Sackgasse.

Die erhoffte Rettung: Kern-, Wind- und Solarenergie. Atomkraftwerke schießen weltweit wie Pilze aus dem Boden. Doch wohin mit dem Müll? Auf diese Frage hat bis heute niemand eine Antwort. Die Menschheit hofft auf ein Wunder. Selten war sie so wundergläubig wie heute.

Dann also Windkraft. Die Liste ihrer Vorzüge ist eindrucksvoll. Ihre Nachteile aufzuzeigen fällt jedoch vielen nicht schwer: zu lange Übertragungsstrecken, unzuverlässig, Zerstörung der ländlichen Räume, Verunstaltung der Landschaft. Ähnlich ambivalent verhält es sich mit der Solarenergie. Sie mag die Energiequelle der Zukunft sein, wann aber beginnt die Zukunft?

Und so geht es weiter. Kunststoffe. Die Lösung für zahlreiche Probleme, zugleich aber auch Ursache schwerster Schäden. Oder die Landwirtschaft. Sie nährt und ist verantwortlich für massenhaftes Sterben und weiträumige Verödung. Oder der Verkehr. Noch nie in der Menschheitsgeschichte war es so einfach, bequem und billig, von A nach B zu gelangen. Der Preis? Noch nie hat Mobilität so zerstörerisch gewirkt wie jetzt.

Den Menschen will es einfach nicht gelingen, den Saldo ihrer Aktivitäten ins Positive zu wenden. Gewiss – trotz aller Mängel – wurden noch nie so viele Menschen so auskömmlich versorgt, waren Bildungsgrad und Lebenserwartung so hoch. Doch unsere intellektuellen und praktischen Fähigkeiten haben zu keiner Zeit ausgereicht, diese Segnungen mit der Tragfähigkeit der Erde in Einklang zu bringen. Jeder Schritt nach vorn geht einher mit einem Schritt zurück. Gewinn und Verlust halten sich bestenfalls die Waage.

Ein Schritt vor, ein Schritt zurück

Einige der hellsten Köpfe der Vergangenheit glaubten immer wieder, die endgültige Antwort auf eine sie bedrängende Frage gefunden zu haben. Sie irrten. Irren vielleicht auch wir, wenn wir glauben, Menschheitsträume allein dank unserer Geisteskräfte erfüllen zu können? Es mag ja sein, dass dies dem Menschengeschlecht eines fernen Tages gelingt. Doch bis dahin wird der Fortschrittspfad von Trümmern gesäumt sein. Fortschritt im Rahmen irdischer Tragfähigkeit. Wenn das gelingt, gelingt vielleicht auch der Gottesbeweis.

Februar 2019

Hüter

Zum Glück meistern die meisten ihren Alltag gut. Anders ist es, wenn Außergewöhnliches ansteht, zum Beispiel der Einbau einer neuen Hausheizung. Hier wissen Nachbarn und Bekannte zwar oft wohlfeilen Rat. Allein, er lässt sich nicht zur Deckung bringen mit einschlägigen Veröffentlichungen und allerlei Expertenmeinungen. Was ist der geeignetste Brennstoff, wie soll der Kessel dimensioniert sein, wo müssen die Heizkörper installiert werden? Der Kopf schwirrt, ehe der Gang zum Fachbetrieb angetreten wird. Dort wird alles Gelernte zunächst einmal als Laiengeschwätz verworfen und der einzige gangbare Weg aufgezeigt. Auch wenn sich dieser als äußerst problembeladen erweist – irgendwann brummt die Anlage, wenn auch nicht so, wie in Aussicht gestellt. Der mündige Konsument ist zum unmündigen Kind geschrumpft.

Kaum anders ergeht es ihm, wenn er – jenseits reiner Bagatellen – einen Arzt aufsucht. Heißt es »Hier werden wir wohl operieren müssen, aber holen Sie ruhig eine Zweitmeinung ein«, dann beginnt ein langer Weg durch einen Irrgarten. Denn die Zweitmeinung steht nicht selten im Widerspruch zur Erstmeinung. Wie soll die Operation durchgeführt werden, welche Narkoseform ist die geeignetste? Und dann die Fülle von Risiken, die mit jeder Maßnahme verbunden sind. »Das müssen Sie entscheiden«, so das ärztliche Diktum. Und der Patient entscheidet und entscheidet und erteilt – abgesehen von vorsätzlicher Schadenszufügung und groben Kunstfehlern – den behandelnden Ärzten jedes Mal einen Freibrief. Geht etwas schief – der Patient hat es so gewollt.

Scheinsouveränitäten

Ob beim Installateur oder beim Arzt – die moderne Gesellschaft hat Konsumenten und Patienten mit Scheinsouveränitäten befrachtet, die diese mangels tieferer Einsichten nicht zu tragen vermögen. Sie sagen Ja oder Nein, ohne die blasseste Vorstellung davon haben zu können, was das bedeutet. Ihre Entscheidungsfreiheit gleicht der Freiheit eines Lottospielers, der irgendwelche Zahlen ankreuzt.

Und was dem Konsumenten und Patienten recht ist, ist dem mündigen Bürger billig. Willst du, dass dein Land in der EU verbleibt, oder soll es besser austreten? Was das wirklich bedeutet, weiß niemand. Angesprochen wird ein archaisches Grundrauschen. Dass von einer solchen Entscheidung etwa 20.000 Nervenstränge betroffen sind, ist den wenigsten bewusst. Die Vitalausfälle werden erst später sichtbar. Vorerst hat das Volk gesprochen, und Volkes Spruch ist heilig, gleichgültig, wie er zustande gekommen ist. Die Politiker können sich hinter ihm verschanzen.

Der mündige Konsument, der mündige Patient, der mündige Bürger – das alles sind Errungenschaften, die hoch einzuschätzen sind. Aber wie alles haben auch sie ihre Grenzen. Was und wie viel vermag der Einzelne zu entscheiden? Wovon und in welchem Maße können sich Installateure, Ärzte, Politiker und viele andere freizeichnen? »Der Betroffene hat es so gewollt« darf – ob im Alltag oder bei weitreichenden Grundentscheidungen – nicht zur gängigen Münze werden. Denn Menschen tragen Verantwortung nicht nur für sich selbst, sondern auch füreinander. Sie sind – ob sie dies wollen oder nicht – einander Hüter. Jede andere Form von Gesellschaft ist unmenschlich.

Menschen tragen Verantwortung für sich und andere

März 2019

Mitteilungen

Pünktlich setzt sich der ICE in Bewegung. Vier Stunden und 22 Minuten später soll er am Ziel sein. Doch ehe es so weit ist, flackert über den elektronischen Anzeiger im Wageninneren, dass sich seine Ankunft voraussichtlich um zwei Minuten verzögern werde. Daraus werden sechs, dann zehn Minuten. Sodann nimmt die Verspätung wieder ab, um kurz darauf erneut anzusteigen. So geht es weiter, bis der Zug schließlich zwei Minuten vor der fahrplanmäßigen Ankunftszeit im Zielbahnhof einfährt. Vier Stunden und zwanzig Minuten – getaktet von ressourcenfressenden, kostenträchtigen und völlig wertlosen Mitteilungen. Was soll denn der Fahrgast anfangen mit der Information, sein Zug könne in drei oder vier Stunden einige Minuten verspätet sein – oder auch nicht.

Mitteilungen um der Mitteilungen willen. Die moderne Technik macht's möglich. Unter ihrem Dach blüht der informative Leerlauf. Und damit das nicht allzu manifest wird, sind Hunderte von Millionen, ja einige Milliarden Menschen darauf konditioniert, ihr als User zu dienen. Was sie an Mitteilungen umschlagen, übersteigt im ganz wortwörtlichen Sinne jedes Fassungsvermögen. Von irgendwelchen kleinen Feiern werden wahllos Hunderte von Bildern gefertigt, über Länder und Kontinente verbreitet und kaum jemals betrachtet. Auch die Currywurst mit Fritten wird elektronisch den Lieben übermittelt, damit diese einen Eindruck davon bekommen, welche Herausforderungen ihr Sprössling in der Ferne zu bestehen hat.

Zu viel für Mensch und Tier

Lange vor der heutigen Informationsflut bemerkte der deutsch-amerikanische Sozialwissenschaftler Karl W. Deutsch, dass das, was an einem Tag in einem auch nur mittelgroßen Land so alles zusammengeredet werde, mehr sei, als Mensch und Tier verarbeiten könnten. Was würde er heute sagen? Vermutlich würde er sich bestätigt sehen und mit grimmiger Befriedigung feststellen, dass Mensch und Tier die Flut an Information an sich vorbeirauschen lassen und ihr gerade so viel Beachtung schenken, wie es ihnen zuträglich erscheint.

Verpassen tun sie dabei kaum etwas. Denn die gewaltige Menge an Mitteilungen ist merkwürdig inhaltsarm. Wer sich gelegentlich oder auch dauerhaft auf Mitteilungsdiät setzt, wird das bestätigen können. Ja, es gibt sie, die ergiebigen Quellen. Und sie zu nutzen kann eine Lust sein. Doch allzu viel ist mangels wirklicher Substanz aufgebauscht, spekulativ oder bloßes Wortgeklingel, von dem die Konsumenten allenfalls abgelenkt, mitunter unterhalten, aber nur selten tatsächlich informiert werden.

Allerdings tragen sie hieran erhebliche Mitschuld. Denn der ertragreiche Konsum von substanziellen Mitteilungen, sei es in der Wissenschaft, der Kunst oder in jedem anderen Lebensbereich, ist für die Konsumenten mit Aufwand verbunden. Glauben sie, sich diesen ersparen zu können, gehen sie unter in einem Meer von Belanglosigkeiten, aufgeputzt als wichtige, interessante oder zumindest amüsante Informationen. Die Konsumenten haben es in der Hand, ob sie mit solchen Belanglosigkeiten ihre Zeit, Lebenszeit, totschlagen wollen.

April 2019

Vom Sein und Schein

Sein und Schein sind Konkurrenten. Nicht, dass sie einander ausschlössen. Aber zumeist gedeiht das eine auf Kosten des anderen.

Unsere Gesellschaft hat eine klare Entscheidung getroffen. So viel Sein wie nötig. So viel Schein wie möglich. Diese Gesellschaft ist eine Scheingesellschaft, ihre Kultur eine Scheinkultur. Substanz zählt wenig. Was zählt, ist der wirkungsvolle Auftritt.

Die Verinnerlichung dieser Geisteshaltung beginnt früh. Selbst kümmerlichste Leistungen werden bei Kindern mit dem Prädikat »super« ausgezeichnet. Hast du dein Kind heute schon gelobt? Für viele ist es dann ein Schock, wenn sich in der Schule das ständige Loben nicht unvermindert fortsetzt. So geht es weiter, bis schließlich knapp die Hälfte eines Jahrgangs die Hochschulreife erlangt, viele mit Abschlüssen, von denen frühere Generationen nur träumen konnten.

Die Universitäten können und wollen dem nicht nachstehen. In manchen Fächern regnet es geradezu Bestnoten. Das glauben die Älteren, der nachwachsenden Generation schuldig zu sein. Deren Berufsweg soll nicht durch eine sachgerechte Beurteilung erschwert werden.

Der Arbeitgeber, der einem höchst mittelmäßigen Mitarbeiter nicht attestiert, er oder sie habe stets zu seiner vollsten Zufriedenheit gewirkt, beweist heroischen Mut, der ihn leicht vor die Schranken eines Arbeitsgerichts bringen kann. Dort wird er dann belehrt, dass selbst gravierende Verfehlungen dem Mitarbeiter nicht zum Nachteil gereichen dürfen.

Lob und Bestnoten en masse

Der schöne und zugleich substanzlose Schein. Wir haben uns so an ihn gewöhnt, dass viele nicht von ihm lassen wollen, selbst wenn der Preis hoch ist. Was wird uns alles von einer perfekt funktionierenden Werbeindustrie und den dahinterstehenden Auftraggebern suggeriert: Autoabgase, die schadlos inhaliert werden können, Zigarettenrauch, der die Lebenslust erhöht, Faltencremes, die ewige Jugend und Diätpillen, die anhaltende Schlankheit in Aussicht stellen. Schein, Schein, Schein, wohin der Blick fällt.

Der Bürger hält wacker mit. Viele vermarkten sich – sei es in den sozialen Medien oder im alltäglichen Miteinander –, wie sich einst nur Hochstapler und Heiratsschwindler vermarkteten. Da wird gefeilt und retuschiert, gelogen und betrogen, bis am Ende niemand mehr zwischen Fiktion und Wirklichkeit unterscheiden kann.

Wer bin ich, und was will ich sein? Wer diese Fragen stellt, bekommt einen Schwall von Antworten, die jedoch fast ausnahmslos auf dasselbe hinauslaufen: Sei nicht, was du bist, sondern umgib dich mit einem blendenden Strahlenkranz, der den Betrachter nachhaltig beeindruckt.

Nirgendwo wird diese Kunst perfekter zelebriert als in der Politik. Auch hier sind die Zeiten jahrelanger Kernerarbeit vorüber. Wer über genügend Glitzer und Glamour verfügt, ist schnell ganz oben. Denn er passt in die Welt des Scheins und findet fast aus dem Stand heraus seine Anhänger.

Auch in der Politik zählen Glitzer und Glamour

Doch wie das mit dem Schein so ist. Irgendwann verblasst er, und im ständigen Wechsel von Schein und Sein wird das Sein wieder sichtbar. Nicht selten empfinden die Menschen das als Abstieg. Doch was sie als Abstieg empfinden, ist oft nur das Sichtbarwerden der Wirklichkeit, die ihren Platz beansprucht.

Mai 2019

Flüchtig

»Ach wie flüchtig, ach wie nichtig ist der Menschen Leben«, so reimte und komponierte 1652 der Lehrer und Kirchenlieddichter Michael Franck. Und seine Worte fanden Gehör. Wieder und wieder wurden sie vertont, zuletzt von dem blutjungen Johann Sebastian Bach.

Doch obwohl sich damals die Menschen ihrer Flüchtig- und Nichtigkeit wohl bewusst waren, schufen sie Werke, die nicht nur die Jahrhunderte überdauerten, sondern bis heute Quelle von Inspiration und Erbauung sind. Ob in der Architektur oder der Malerei, der Musik oder der Dichtkunst und selbst in den Naturwissenschaften leisteten sie Staunenswertes.

Heute scheint sich das Verhältnis von Schöpfer und Werk umgekehrt zu haben. Die Menschen wollen von ihrer Flüchtig- und Nichtigkeit nichts mehr wissen und sind nur allzu gern bereit, irdischen Ewigkeitsfantastereien Raum zu geben. Umso flüchtiger und nichtiger sind ihre Werke. Was wird die nächsten Generationen erreichen, von Müllbergen, übersäuerten Ozeanen, abgeholzten Waldflächen und ausgebrannten Atommeilern einmal abgesehen? Selbst die Verfallsdaten technischen Fortschritts werden immer kürzer. Was wird also bleiben?

Die Frage stellt sich mit wachsender Dringlichkeit. Was hinterlässt die heutige Generation den nach ihr Kommenden? Werden diese, so wie wir dies heute tun, wenn Gemälde von Raffael, Rembrandt und anderen ausgestellt werden, zu Hunderttausenden in Museen strömen, um sich Strichmännchen anzuschauen oder »gelbe Punkte auf schwarzem Grund«?

Was hinterlassen wir?

Welche Bauten werden von uns Zeugnis geben? Zerkrümelnde Autobahnbrücken und verfallene Bahntrassen, Wohnsilos im Kölner Chorweiler oder im Münchner Neuperlach? Werden die Nachgeborenen eine Vorstellung davon bekommen, wie und was wir kommuniziert haben? Was wird von unseren Datenclouds überdauern? Wo sind in ihnen Liebesgedichte und -briefe archiviert?

Was hinterlassen unsere Wissenschaft, Philosophie und Religion? Bei Licht besehen, leben wir Heutigen doch noch immer in den Denk- und Gefühlswelten der Altvorderen. Aber die sind dabei zu verblassen. Was tritt an ihre Stelle? Welche philosophischen oder religiösen Systeme geben uns und den nach uns Kommenden Halt und Orientierung?

Mitunter könnte der Eindruck entstehen, wir Heutigen hätten es geradezu darauf abgesehen, möglichst wenig von Dauer zu schaffen und unsere Spuren zu verwischen. Geben wir uns Rechenschaft über den Müll, den wir produzieren, über die Dinge, die im Grunde keiner braucht, und die deshalb mit aberwitzigem Aufwand an die Frau oder den Mann gebracht werden müssen?

Wer hat ein wirkliches Interesse daran, dass einmal Geschaffenes möglichst lange Nutzen und Freude stiftet? Die Produzenten sicherlich nicht. Und die Konsumenten? Sie gieren nach Neuem und Trendigem. Nein, wir singen nicht mehr »Ach wie flüchtig, ach wie nichtig«. Wir leben es. Flüchtigkeit ist zur Essenz unseres Daseins geworden. In gewisser Weise war sie das zwar immer. Aber ohne es zu wollen, zelebrieren wir sie.

Wir verwischen geradezu unsere Spuren

Juni 2019

Gift

Um die Mitte des 18. Jahrhunderts formulierte der schottische Gelehrte Adam Smith ökonomische Maximen, die seither das Denken und Handeln vieler Gesellschaften bestimmen. Die wohl wichtigste: »Wer sein eigenes Interesse verfolgt, befördert das der Gesamtgesellschaft häufig wirkungsvoller, als wenn er wirklich beabsichtigt, es zu fördern.«

Allerdings sollte dies nach Smith nur bei gegenseitigem Wohlwollen beziehungsweise Liebe und Zuneigung zwischen den ihrem Eigeninteresse folgenden Individuen gelten. Für Smith war klar, dass Eigennutz nur bei »tugendhaftem Verhalten« den Gesamtnutzen mehrt. Doch diese entscheidende Bedingung wurde von seinen Nachfolgern in den Wind geschlagen. Sie verkürzten seine Lehre auf: Mehre deinen eigenen Nutzen, und alles ist gut.

Die Folgen dieser Verstümmelung sind verheerend, zumal die Maxime ungezügelten Eigennutzes vom Wirtschaftsbereich schnell auf andere Lebensbereiche übersprang. Die heute alles dominierende Frage lautet: Was nützt mir? Nicht nur in der Wirtschaft, sondern auch in zwischenmenschlichen Beziehungen, in der Schule oder auch am Arbeitsplatz, im Schwimmbad oder an der Supermarktkasse – überall heißt es: Welchen Vorteil habe ich davon?

Es ist nur eine Frage der Zeit, bis dieses Denken eine Beziehung, eine Gesellschaft oder eine Staatengemeinschaft vergiftet. Denn niemand kann mehr davon ausgehen, dass der andere nicht nur im eigenen, sondern auch im gemeinsamen Interesse handelt. Will der Konkurrent wohlstandsmehrenden Wettbewerb oder meinen Konkurs? Ist dies ein fröhlicher Wettstreit von Sängern und Chören oder ein Gemetzel unter Diven und Egomanen?

Maximierung von Eigennutz vergiftet Gesellschaft

Warum fällt es so schwer, sich auf das Führungspersonal der Europäischen Gemeinschaft zu einigen? Weil alle Beteiligten – nicht ohne Grund – davon ausgehen, dass niemand unparteiisch und uneigennützig das gemeine Wohl der Europäer verfolgt. Bloß kein Deutscher, kein Franzose, kein Osteuropäer, kein Christ-, Sozial- oder Liberaldemokrat. Und wenn es gar nicht anders geht, dann Unterstützung nur bei entsprechenden Gegenleistungen. Dass irgendjemand sein Mann-, Frau-, Franzose- oder Bulgaresein hinter sich lassen und bedingungslos zu Europa stehen könnte, gilt als ausgeschlossen.

Wahrscheinlich ist diese Sichtweise sogar realistisch. Und sie hat sich jahrtausendelang bewährt. Traue nur dir selbst und allenfalls noch deiner Sippe. Doch diese Sichtweise ist unter den Lebensbedingungen der Jetztzeit zur Bedrohung geworden. Nur sich selbst zu retten ist nämlich nicht länger möglich. Entweder das Boot, in dem wir alle sitzen, erreicht die Küste, oder wir gehen gemeinsam unter: Europäer genauso wie Amerikaner, Chinesen genauso wie Inder oder Afrikaner.

Lange, womöglich zu lange, haben alle – Individuen, Völker und Staatengemeinschaften – zuvörderst ihren eigenen Vorteil zu maximieren versucht. Das Ergebnis ist eine vergiftete, kranke Welt. Mit Wohlwollen, Liebe und Zuneigung wäre die Menschheit wahrscheinlich weitergekommen. Aber tugendhaftes Verhalten, wie von Adam Smith gefordert, ist unsere Sache nicht. Hier haben wir noch einen schweren Gang vor uns.

Tradierte Sichtweisen sind Bedrohung

Juli 2019

Demokratie

Wieder einmal ist die Demokratie Gegenstand lebhafter Kontroversen. Ist sie in der Lage, notwendige Entscheidungen herbeizuführen? Kann sie gegenwärtige Menschheitsprobleme wie Klimawandel, Migrationsströme oder Verletzungen von Menschenrechten lösen? Vermag sie binnengesellschaftliche und globale Gerechtigkeit herzustellen? Und was die Mehrheit am meisten beschäftigt: Kann sie materiellen Wohlstand schaffen und dauerhaft sichern?

Die ehrliche Antwort ist: Die Demokratie kann nichts von alledem. Denn wie alle menschlichen Konstrukte ist sie immer nur so gut, aber eben auch so schlecht wie die Menschen, die sie mit Leben erfüllen. Es kann nicht oft genug wiederholt werden: Demokratie ist Herrschaft des Volkes. Wer sich gegen diese Herrschaft wendet, wendet sich unvermeidlich auch gegen sich selbst.

Nun heißt das nicht, dass es Individuen, gesellschaftliche Gruppen oder institutionelle Arrangements gibt, die diese Herrschaft befördern, belasten oder gar unterminieren. Es gibt so etwas wie eine demokratische Gesinnung, die demokratisches Handeln beflügelt. Und es gibt natürlich das

Gegenteil: Denk- und Handlungsweisen, die die Demokratie zersetzen.

Letzteres trifft nicht nur auf die erklärten Feinde der Demokratie zu. Diese sind sogar vergleichsweise leicht abzuwehren, wecken sie doch gewollt oder ungewollt Widerstandskräfte. Ungleich problematischer sind jene, die sich zwar selbst für gute Demokraten halten, zugleich aber – gelegentlich in aller Unschuld – Lebensstile praktizieren, die mit Demokratie schwerlich vereinbar sind.

Kein Platz für Privilegien in der Demokratie

Die Demokratie gründet auf einer Gemeinschaft von Menschen mit gleichen Rechten und Pflichten. Wo es diese Rechte- und Pflichtengleichheit nicht gibt, gibt es somit auch keine Demokratie. Anders gewendet: Demokratie und Privilegien schließen einander aus. Privilegien sind das Attribut feudaler Ordnungen. In Demokratien ist für sie kein Raum.

Und doch gieren auch in Demokratien nicht wenige nach ebensolchen Privilegien. Das beginnt scheinbar harmlos mit einem Geldschein, der in einem gut besuchten Restaurant einen schönen Tisch sichern soll, setzt sich fort über den Bekannten, der im Krankenhaus doch noch eines der begehrten Einzelzimmer ergattern kann, und steigert sich zu schamloser Vorteilsnahme bis hin zu Korruption.

Auf wenig reagiert ein demokratisch verfasstes Gemeinwesen so empfindlich wie auf diese Art von Verhalten. Wer es gut mit der Demokratie meint, wird deshalb peinlich darauf achten, dass er nicht selbst zum Ärgernis wird. Ungleichheiten, die auch nur den Verdacht einer Privilegierung wecken könnten, bedürfen der sorgsamen Begründung.

Das ist nicht immer einfach. Lässt sich beispielsweise ein aufwendiger Lebensstil, der mit einer reichen Erbschaft einhergehen könnte, wirklich überzeugend begründen? Oder die Masse herausgehobener Positionen in Wirtschaft und Politik? Wer selbstkritisch ist, wird bekennen, dass es hier mit Begründungen mitunter nicht weit her ist. Durch demokratisches Gewand blitzt nicht selten purster Feudalismus.

Ungleichheiten bedürfen der Begründung

Doch ob begründbar oder nicht: Die von irdischem Glück Begünstigten tun in einem demokratisch verfassten Gemeinwesen gut daran, wo immer es geht zu teilen. Wo eine Kultur des Teilens herrscht, wird sich Unmut über die Demokratie in engen Grenzen halten. Denn dieser Unmut speist sich vor allem aus dem Gefühl ungerechtfertigter Benachteiligung. Es liegt bei den Begünstigten, diesem Gefühl die Grundlage zu entziehen.

August 2019

Popanz

Kaum kühlt die Konjunktur ein wenig ab, schon heulen die Sirenen. Wird das in eine Rezession einmünden? Was werden die Reaktionen der Arbeits- und Aktienmärkte sein? Werden wir international noch mithalten können? Der Fragen ist kein Ende.

Was Politiker, Experten und eine schlecht informierte Öffentlichkeit in Wallung versetzt, ist vor allem diese Zahl: das Wachstum der erwirtschafteten Güter- und Dienstemenge, das Bruttoinlandsprodukt. Doch diese Zahl ist in wirtschaftlich entwickelten Ländern wie Deutschland nicht annähernd so bedeutsam, wie die verbreitete Aufregung vermuten ließe.

Mehr noch: Es ist noch nicht einmal gewiss, ob ihr Anstieg oder Rückgang eine Verbesserung oder Verschlechterung der materiellen Lebensverhältnisse zum Ausdruck bringt. Und über die Lebenszufriedenheit – vom Lebensglück ganz zu schweigen – sagt sie rein gar nichts aus. Sie ist nicht nur zwiegesichtig. Sie ist voller Widersprüche.

Ihr wohl größter Mangel: Sie lässt nur höchst unvollkommen erkennen, welchen Aufwand das verbuchte Wachstum erfordert. Welche unwiederbringlichen Bodenschätze werden verbraucht, wie viel Natur? Welche Tier- und Pflanzenarten werden vernichtet, welche gesellschaftlichen Bindungen zerstört? Und umgekehrt: Welche segensreichen Wirkungen gehen von Phasen konjunktureller Abkühlung aus – Luft und Wasser haben eine Chance, sich zu erholen, Menschen innezuhalten.

Das Brutto-inlandsprodukt ist eine mangelhafte Kennziffer

Ist ein wachsendes Bruttoinlandsprodukt gut, ein stagnierendes oder gar schrumpfendes schlecht? Dieser Frage ging vor etlichen Jahren eine Enquetekommission des Deutschen Bundestages nach, und ihre Antwort war eindeutig: Allein anhand von Wachstumszahlen lassen sich keine auch nur annähernd belastbaren Aussagen über den Zustand eines Landes und seine Entwicklung machen. Dafür bedarf es weiterer Indikatoren.

Gefruchtet haben diese Einsichten nicht. Wie die gerade wieder aufflammende Debatte zeigt, stürzen sich die Macher öffentlicher Meinung wie eh und je auf das vertraute und vor allem so bequem zu handhabende Bruttoinlandsprodukt. Doch das ist ein rechter Popanz.

Wie aber ist es um eine Gesellschaft bestellt, die ständig um diesen Popanz tanzt und sich von ihm in Schrecken versetzen oder in trügerischer Sicherheit wiegen lässt? Will sie überhaupt ihren wirklichen Zustand ergründen, oder ist es ihr ganz recht, sich mit Themen zu beschäftigen, von denen sie weiß, dass sie weithin irrelevant sind? Wagt sie der Frage nachzugehen, was Wachstum, so wie es heute definiert und gemessen wird, für eine Welt bedeutet, die schon die derzeitige Güter- und Dienstemenge nicht zu tragen vermag?

Was bedeutet wirtschaftliches Wachstum für ein Land, das – wie Deutschland – schon jetzt 3,5 Globen benötigt, um zu wirtschaften, wie es wirtschaftet? Ist nicht bereits der Punkt überschritten, wo Wachstum nicht mehr wohlhabender und zufriedener, sondern ärmer und verdrießlicher macht? Was aber sollen dann die Sorgen über sinkende oder ausbleibende Wachstumsraten? Vielleicht ist das ja der gebotene Entwicklungstrend, wenn wir noch eine menschenwürdige Zukunft haben wollen?

Was wir brauchen, sind Wachstumsstrategien, die ohne jedes Wenn und Aber in Einklang mit Umwelt und Mensch stehen. Von solchen Strategien ist jedoch nur wenig zu sehen. Kurzfristiges und Vordergründiges haben stets Vorrang. Um das zu ändern, bedarf es eines kulturellen Wandels, der weit über das hinausgeht, was Globalisierung und Digitalisierung heute anbieten. Worum es geht, ist ein Wandel, bei dem Gesellschaften auch dann gedeihen, wenn der materielle Wohlstand – zumindest in den bereits wohlhabenden Ländern – nicht weiter steigt oder sogar sinkt. Ein solcher Wandel erfordert allerdings andere Aktivitäten als jene, die heute das Bruttoinlandsprodukt nach oben treiben.

Wachstumsstrategien in Einklang mit Umwelt und Mensch

September 2019

Politik und Liebe

Der heute weithin vergessene Georg Forster, das große Vorbild Alexander von Humboldts, vor allem aber einer der ersten und wohl auch bedeutendsten deutschen Völkerkundler, scheint keine sehr hohe Meinung vom Gegenstand seiner Forschung gehabt zu haben. »Das Volk«, so schreibt er in den Revolutionswirren von 1793, »ist, wie es immer war. Ohne Festigkeit, ohne Wärme, ohne Liebe, ohne Wahrheit.« Das aber heißt, dass er »dem Volk« einen Großteil der Qualitäten abspricht, die den Menschen erst zum Menschen machen.

Träfe Forsters Einschätzung zu, hätte er mit seiner knappen Bemerkung ein gewaltiges kulturelles Defizit offengelegt. Denn was wäre der Mensch ohne Festigkeit, Wärme, Liebe und Wahrheit? Ein vernunftbegabtes Tier. Das ist nicht wenig. Aber es reicht nicht für die Schaffung und Aufrechterhaltung menschlicher Kultur, bei der es ohne Wärme und Liebe offenbar nicht geht. Was ist aus der Sicht des scheidenden Präsidenten der EU-Kommission Jean-Claude Juncker eine der größten Schwächen der Europäer? »Man liebt sich nicht mehr genug.« Das mag in den Ohren vieler befremdlich klingen. Politik und Liebe. Hat Politik nicht zuvörderst beinharten Interessen zu dienen? Sind Wärme, Liebe und Wahrheit nicht höchst individuelle und damit subjektive Attribute?

Ganz ohne Zweifel hat sie der Zeitgeist zu solchen gemacht. Er liebe nicht Deutschland, sondern seine Frau, bekundete einst Bundespräsident Gustav Heinemann. Aber ist diese Sichtweise auch angemessen? Taucht man ein wenig in die Geistesgeschichte ein, dann wurde stets darum gerungen, den Menschen nicht nur individuell, sondern als Glied einer Gemeinschaft aus seiner »natürlichen« Existenz, die nach Ansicht des britischen Philosophen Thomas Hobbes, »elend, brutal und kurz« ist, herauszuführen.

Nicht nur die Weltreligionen, auch die großen philosophischen Systeme legen hiervon Zeugnis ab. Bei ihnen ist nirgendwo die Rede von Wirtschaftswachstum, materieller Wohlstandsmehrung, politischer Macht oder militärischer Stärke. Umso größeren Raum nehmen Verständnis, Wärme und – gerade im Christentum – explizit Liebe ein.

Unausgewogene Entwicklung menschlicher Kultur

Liebe in der Politik. Wenn ein solches Postulat weltfremd erscheint, zeigt das nur, wie unausgewogen sich menschliche Kultur entwickelt hat. Während all das, was diese Kultur im Bereich der Naturwissenschaften abdeckt, zu einem mächtigen Baum herangewachsen ist, liegen weite Bereiche der Künste, der Ethik und Religionen in dessen Schatten. Zwar sind sie nicht bedeutungslos. Pflichtschuldig wird ihnen in Sonntagvormittagsprogrammen des öffentlich-rechtlichen Rundfunks oder als »Kunst am Bau« Tribut gezollt. Aber dass sie gesellschaftlich prägend seien, lässt sich wohl kaum behaupten.

Die Gesellschaft spiegelt das wider. Der materielle Aufwand, der betrieben wird, betrieben werden muss, um den Verlust von Wärme und Liebe in der Gesellschaft notdürftig zu kaschieren, ist gewaltig. Was tun mit den vielen Kindern und Jugendlichen, die faktisch Waisen oder Halbwaisen sind, mit den Alten und Behinderten, die sich einzig auf den Staat stützen können, mit den Heimatlosen und Flüchtlingen? Der Glaube, eine funktionierende Wirtschaft könne das alles auffangen, hat sich längst als Irrglaube erwiesen. Ohne zivilgesellschaftliche Festigkeit, ohne sehr viel mehr Wärme, Liebe und Wahrhaftigkeit geht es auf Dauer nicht. Die aber erfordern Denk-, Gefühls- und Handlungswelten, die seit Langem vernachlässigt werden.

Ohne Wärme, Liebe und Wahrhaftigkeit geht es nicht

Doch vielleicht gibt es Hoffnung. Als vor einiger Zeit rund tausend Vertreter aus unterschiedlichen Ländern, Kulturen und Religionen zum großen Treffen der »Religionen für den Frieden« in Lindau zusammenkamen und sich an langen, auf der Straße von Lindauer Bürgerinnen und Bürgern gedeckten Tischen niederließen, da habe sich, so berichten Teilnehmer, etwas Magisches ereignet, möglicherweise etwas, was mit überindividueller Wärme und Liebe zu tun hat. Man verstand einander und war vereint in einem gemeinsamen Wollen und Ziel.

Oktober 2019

Wahn

»Der schrecklichste der Schrecken« ist Friedrich Schiller zufolge »der Mensch in seinem Wahn«. Wahn: »eine inhaltliche Denkstörung, die als Symptom von Psychosen auftritt und durch subjektive Gewissheit der Betroffenen, Unkorrigierbarkeit durch widerlegende Argumente und meist durch den Widerspruch zum objektiven Sachverhalt gekennzeichnet ist« (Brockhaus 1994).

Von Wahn Besessene hat es offenbar zu allen Zeiten gegeben. Schon antike Quellen berichten von Menschen, besessen von Größen-, Hexen- oder Teufelswahn. Aufklärung und moderne Wissenschaft haben hieran wenig geändert. Geändert hat sich allenfalls der Gegenstand des Wahns. An die Stelle von Größen-, Hexen- oder Teufelswahn traten Jugend- und Schönheits-, Fortschritts- und Wohlstands- sowie insbesondere Allmachts- und Glückswahn. Alles ist möglich, alles ist machbar. Die Dinge mögen sein, wie sie wollen – die Menschen finden immer eine Lösung, und zu guter Letzt werden alle glücklich sein. Für dein Glück benutze diese Hautcreme oder wähle jene Partei. Enttäuschungen werden verdrängt.

Gegen »widerlegende Argumente« sind solche Wahnvorstellungen immun. Gleichgültig, wie offenkundig es ist, dass Bäume nicht in den Himmel wachsen – der Wahn hält an: Mobilitäts-, Geschwindigkeits-, Wachstumswahn. Die Welt ächzt und stöhnt darunter. Aber die vom Wahn Besessenen haben kein Einsehen, mag ihr Handeln noch so sehr im »Widerspruch zum objektiven Sachverhalt« stehen.

Subjektive Gewissheiten

Da beklagen Scharen von Menschen, denen es wirtschaftlich besser geht als allen Generationen vor ihnen, die beste Bildungschancen haben, die sich nicht zuletzt dank umfangreicher Fürsorge guter Gesundheit erfreuen und die das Privileg genießen, in freiheitlich-demokratischen Gemeinwesen zu leben, sie seien missverstanden, zurückgesetzt und von allen Seiten bedroht. Überall wähnen sie finstere Mächte, die ihnen nicht nur Hab und Gut, sondern auch noch ihre Sprache, Werte und Kultur streitig machen. Das ist die Wirklichkeit, derer sie »subjektiv gewiss« sind.

Eine Gesellschaft, in der solche Gewissheiten wuchern, verliert ihre Fähigkeit, vernünftig zu denken und zu handeln. In solchen Gesellschaften scheint es logisch, einer alles in allem gut funktionierenden Gemeinschaft von Staaten den Rücken zu kehren, um an eine imperiale Geschichte anzuknüpfen, die vor mehr als hundert Jahren krachend zu Ende gegangen ist, scheint es logisch, durch konsequente Abschottung die Kultur eines Landes und Kontinents zu erhalten, von deren einheimischer Bevölkerung seit Langem sehr viel mehr Menschen sterben als geboren werden,

scheint es logisch, einen christlich-humanistischen Werte-
kanon hochzuhalten, indem man Rettungssuchende auf
hoher See ertrinken lässt.

In solchen vernunftfernen, wahnhaften Gesellschaften
prallen Ansprüche, Sichtweisen und Haltungen unversöhn-
lich aufeinander, bis diese tief gespalten und unregierbar geworden sind. Sie sind Opfer »inhaltlicher Denkstörungen,
die als Symptom von Psychosen auftreten«. Vieles wäre sonst
nicht erklärbar. Die Bevölkerungen hoch entwickelter Länder haben sich in Wahnvorstellungen darüber verstiegen, was
geht und was nicht geht. So fordern sie lautstark die ständige Erhöhung nicht nur staatlicher Leistungen, sondern
auch ihrer individuellen Einkommen, obwohl
ihre Volkswirtschaften längst außerhalb irdischer Tragfähigkeitsgrenzen agieren. Das aber
ficht die meisten nicht an. Hauptsache mehr,
auch wenn dieses Mehr nur ein Trugbild ist.
Mit wirtschaftlich Bedürftigen zu teilen geht
hingegen gar nicht.

*Glück muss in der
realen Welt gesucht
werden*

Zu den gesellschaftlich unverzichtbaren Aufgaben gehört, Wahn zu benennen und ihm entschieden entgegen-
zutreten. Es ist nicht alles machbar, weder ewige Jugend
noch Schönheit, weder immerwährender Fortschritt noch
immerwährendes Wachstum und am wenigsten Allmacht
und Glück. Oder vielleicht doch Glück. Vorausgesetzt, dieses Glück wird nicht in der Welt des Wahns, sondern in der
realen Welt gesucht.

November 2019

Groß geworden, klein geblieben

Dass »der kleine Mann« groß werden, sprich, dass er sein wirtschaftliches Fundament verbreitern, seinen Bildungsgrad erhöhen und seine gesellschaftliche Verankerung festigen würde, war in Ländern wie Deutschland seit Langem absehbar. Doch die Erwartung oder zumindest Hoffnung, dass mit diesem Großwerden auch ein Erwachsenwerden einhergehen werde, soll heißen, dass die Bereitschaft zunehmen werde, für sich, andere und das Gemeinwesen vorausschauend und verantwortungsvoll zu handeln, wurde weitgehend enttäuscht. Mitunter scheint sich sogar eine gegenläufige Entwicklung Bahn gebrochen zu haben.

So nimmt der Ruf nach starker Führung, sei es in der Politik, der Wirtschaft oder sonstigen Lebensbereichen, eher zu als ab. Das ist in einer Gesellschaft, die vor noch gar nicht so langer Zeit mehr Demokratie wagen wollte, paradox. Mehr Demokratie hätte nämlich auch geheißen, für mehr einzustehen und mit den breiter werdenden Schultern größere Lasten zu tragen. Gewiss, das Steueraufkommen und auch die Sozialabgaben können sich sehen lassen. Aber die Übernahme größerer gesellschaftlicher Verantwortung ist das noch nicht. Da sitzen die groß gewordenen kleinen Männer und Frauen breiter denn je in der Proszeniumsloge und betrachten das politische Spektakel.

Der naheliegende Einwand: Finden sich nicht immer häufiger viele Bürger zusammen, um ihre Meinung kundzutun und Forderungen zu erheben? Das stimmt. Aber diese Aktivitäten wären eindrucksvoller, wenn der Anteil realistischer Ziele größer wäre. Doch meist geht es um ein schlichtes Mehr, mehr Kindergartenplätze, Lehrer oder Polizisten und vor allem mehr Geld für alles und jeden. Der Adressat dieser wohlfeilen Forderungen bleibt dabei zumeist im Dunkeln. Aus gutem Grund. Denn es sind in aller Regel genau dieselben, die diese Forderungen erheben, aber gar nicht daran denken, für ihre Erfüllung aufzukommen.

Erwachsene verhalten sich anders. Sie suchen nicht die umfassende Für- und Vorsorge des Staates und seinen Schutz in allen Lebenslagen. Vielmehr erfüllt es sie mit Befriedigung, ihre Geschicke möglichst in die eigenen Hände zu nehmen und ihr Schicksal zu gestalten. Davon ist zwar viel die Rede, nur wirklich umgesetzt wird wenig.

Umfassende Für- und Vorsorge des Staates

Das zeigt sich schon im Kleinen. Natürlich könnten die meisten heute ihre Beiträge an die Sozialversicherungsträger eigenständig abführen oder sich um ihre berufliche Weiterbildung kümmern. Das aber ist ihnen zu mühsam. Das soll wie vor vielen Jahrzehnten der Arbeitgeber oder besser noch der Staat regeln. Und wenn ein windiger Reiseveranstalter sie auf einer fernen Insel stranden lässt, kommt ihnen ebenfalls rasch Vater Staat in den Sinn, der seine Kinder eiligst heimholen möge.

Verantwortungsvolles Handeln: Dieses wohl hervorstechendste Merkmal Erwachsener ist für viele auf enge Bereiche begrenzt und selbst da lückenhaft. Verantwortung für den Partner, die Partnerin, die Kinder, die Eltern? Nur wenn dies nicht den eigenen Lebenszuschnitt spürbar einschränkt.

Verantwortungsvolles Handeln begrenzt

Noch nie hat das Gemeinwesen solche Summen für die Versorgung von Kindern oder hilfsbedürftigen Eltern aufgebracht, aufbringen müssen. Doch so zu handeln hält eine zunehmende Zahl von Menschen für angemessen und vertretbar.

Und für angemessen und vertretbar hält sie auch, aus schierem Eigennutz die Lebensgrundlagen aller zu zerstören. Wohl gilt auch hier: Über Verantwortung zu reden steht hoch im Kurs. Verantwortungsvolles Handeln lässt hingegen zu wünschen übrig. Die Folgen des eigenen Tuns kritisch zu überdenken und sich entsprechend zu verhalten ist die Sache der breiten Mehrheit nicht. Wie zu Zeiten, als sie arm, wenig gebildet und oft wurzellos war, beschränkt sie sich auf den engsten, überschaubarsten Lebensbereich.

Beim Großwerden des kleinen Mannes scheint etwas gründlich schiefgelaufen zu sein. Wie manche Eltern nicht erkennen, dass ihre Kinder erwachsen geworden sind und das Hotel Mama nicht nur verlassen können, sondern zum Vorteil aller auch verlassen müssen, so hat »Vater Staat« viel zu lange an einer Vormundschaft festgehalten, dem das Mündel längst entwachsen ist. Das ist tragisch. Die Menschen könnten nämlich andere, erwachsenere Leben leben. Das aber haben sie nur unzulänglich gelernt.

Dezember 2019

Kleines 1×1

Die Rechnung ist einfach. Wenn – wie in Deutschland – über viele Jahrzehnte hinweg etwa jede fünfte Frau – gewollt oder ungewollt – kein Kind bekommt, dann bleibt über kurz oder lang ein Drittel der Bevölkerung ohne Enkel und die Hälfte ohne Urenkel. Die zwangsläufige Folge: Ohne ständig wachsende Zuwanderung nimmt die Zahl der Menschen mit immer größerer Geschwindigkeit ab, und ihr Altenanteil steigt rapide an. Sie schrumpft und vergreist.

Eine Gesellschaft kann das hinnehmen und sich auf ihr allmähliches Erlöschen einstellen. Oder sie kann versuchen, dem gegenzusteuern. Eine Möglichkeit: wieder mehr eigene Kinder. Das aber ist leichter gesagt als verwirklicht. Schon im antiken Griechenland und Rom halfen zum Teil drakonische Maßnahmen nur wenig, den periodisch extremen Kindermangel zu überwinden. Und in der Neuzeit vermochten hierzulande weder Kaiser noch Führer, noch Demokraten, die Geburtenrate auf einem bestandserhaltenden Niveau zu halten.

Der letzte Jahrgang, der sich in Deutschland in der Zahl seiner Kinder ersetzte, war der Geburtsjahrgang 1881. Nachdem dieser in den 1920er-Jahren seine Kinder gehabt hatte und ein zunehmender Anstieg der Lebenserwartung keinen Ausgleich mehr schaffen konnte, begann die einheimische Bevölkerung trotz zeitweise engagierter Familienpolitik zahlenmäßig abzunehmen. Mit den Bedingungen und Verlockungen unserer Kultur konnten und können Kinder nur bedingt mithalten.

Das hat Bestrebungen gefördert, das Land oder besser noch ganz Europa zu einer Art Festung auszubauen, nicht zuletzt um so die ausdünnende und zunehmend altersschwache einheimische Bevölkerung noch für eine Weile zu schützen. Die Schwächen dieser Strategie liegen auf der Hand. Die Menschen hinter den Mauern schrumpfen und altern noch schneller, als wenn die Tore offen stünden.

Freilich sind offene Tore für die Eingesessenen eine Herausforderung, die zu meistern gelernt sein will. Denn größere Zuwandererkohorten, die erkennen, dass sie für die Einheimischen unverzichtbar sind, unterwerfen sich nicht bedingungslos den Normen und Bräuchen, der Sprache und Religion und noch nicht einmal der »Leitkultur«

Offene Tore sind eine Herausforderung

des aufnehmenden Landes. Die Geschichte ist hier eindeutig. Stets haben nicht nur die »Alten« den »Neuen«, sondern umgekehrt auch die »Neuen« den »Alten« ihren Stempel aufgedrückt und mitunter auch deren Kultur durch ihre eigene ersetzt.

Das muss nicht so kommen, aber darauf gilt es sich einzustellen. Was dürfen Völker erwarten, die noch vor einigen Generationen ein Drittel der Menschheit stellten und die Welt beherrschten, jetzt aber auf einen Bruchteil abgenommen haben und andere mit zumindest ebenso lauter Stimmen sprechen? Ist das der Weltuntergang? Mit Sicherheit nicht. Aber es ist ein neues Kapitel in der Menschheitsgeschichte, in dem die Karten neu gemischt werden und neue Regeln gelten. Je eher die Völker der früh industrialisierten Länder das begreifen, desto besser werden sie künftig mithalten können.

Kluge Einwanderungspolitik und aufrichtige Willkommenskultur sind unverzichtbar

Sie müssen begreifen, dass sie existenziell gefährdet sind, wenn sie ihre Alten, Kranken und Pflegebedürftigen nicht mehr aus eigener Kraft angemessen versorgen können, Hunderttausende von Lehrstellen sowie qualifizierter und nicht qualifizierter Arbeitsplätzen mangels geeigneten Personals unbesetzt bleiben und Zukunftsvisionen schwinden, weil immer mehr Menschen keinen Sinn mehr in ihren Anstrengungen sehen. Wozu in einen Handwerksbetrieb oder in eine Anwaltskanzlei investieren, wenn es keinen Nachfolger mehr gibt?

Zusammen mit anderen Ländern befindet sich Deutschland heute an einem Punkt, wo es sich eingestehen muss: Die Bevölkerung kann nicht mehr fest auf den eigenen Beinen stehen. Sie muss von Menschen gestützt werden, die willens und in der Lage sind, die Lasten einer schrumpfenden und alternden Gesellschaft mitzutragen. Solche Menschen sind rarer, als manche glauben. Um sie muss geworben und gegebenenfalls auch gerungen werden. Eine kluge und vorausschauende Einwanderungspolitik, verbunden mit einer aufrichtigen Willkommenskultur, ist dabei unverzichtbar.

Januar 2020

Begrenzungen

Als im November 1918 die bis dahin Deutschland Regierenden fluchtartig die politische Bühne verließen und damit eine Jahrhunderte währende, quasi feudale Ordnung beendeten, schien der Weg frei für eine neue Ordnung: die Herrschaft des Volkes, die Demokratie.

Doch der Schein trog. Nach mehr oder minder demokratischen Intermezzi entstanden nicht nur in Deutschland, sondern in zahlreichen Ländern Europas autokratische und diktatorische, aber keineswegs demokratische Gemeinwesen. Den jungen Demokratien hatte es am Wichtigsten gemangelt: Demokraten.

Nach dem Zweiten Weltkrieg keimte die Hoffnung auf eine nochmalige Chance. Die Umstände waren günstig, und eine Zeit lang schien es, als könne die Demokratie diesmal einen Siegeszug antreten. Doch abermals trog der Schein. Zwar nahmen immer mehr Länder für sich in Anspruch, Demokratien zu sein. Doch die meisten von ihnen stolpern und straucheln heute durch die Geschichte. Denn wiederum fehlt es an Demokraten.

Damit bewahrheitet sich eine Befürchtung, die bereits Platon vor annähernd 2.500 Jahren hegte: Demokratie erfordert Menschen, die sich zu begrenzen wissen. Für Platon strebten die meisten nach grenzenloser Freiheit. Inzwischen streben sie auch nach grenzenloser Wohlstandsmehrung, Selbstverwirklichung, Anerkennung. Die Schwäche der Demokratie: Sie hat diesem grenzenlosen Streben nichts Effektives entgegenzusetzen. Alle erwarten alles von ihr. Sie wollen nicht länger verantwortlich sein für die Erziehung ihrer Kinder, saubere Straßen und Grünanlagen, gesunde Luft, Arbeitsplätze. Das alles soll der Staat richten oder genauer: die demokratisch legitimierten Politiker und Politikerinnen. Wozu sind diese schließlich gewählt worden?

Versprechen von Unmöglichem

Und wehe, wenn diese einmal Nein sagen, wenn sie erklären: Wir können nicht mehr. Was ihr, liebe Mitbürger, erwartet und verlangt, lässt sich nicht verwirklichen. Also wird immer weiter Unmögliches versprochen: immerwährendes Wachstum, immer mehr materieller Wohlstand, immer mehr Glück der Menschen. Wer bei einigermaßen klarem Verstand ist, weiß, dass das alles nicht geht. Aber der demokratiegewöhnte Bürger fordert mit der größten Selbstverständlichkeit eine dreiprozentige Lohnerhöhung bei einem Wirtschaftswachstum von einem Prozent, wobei auch dieses eine Prozent längst auf gnadenlosem Raubbau von Natur, Umwelt und Mitmenschen gründet.

Vielleicht ist es eine tiefe Ahnung von der systemischen Überforderung demokratisch verfasster Gemeinwesen, die viele davon abhält, für diese Verantwortung zu übernehmen. Denn es stimmt ja: Unter diesen Umständen zum Beispiel eine Partei zu bilden, die übergeordnete Ziele verfolgt und dabei das Gemeinwohl im Blick hat, ist beinahe unmöglich.

Der umfassend entgrenzte Bürger ist vollauf damit beschäftigt, seine Partikularinteressen zu wahren. Da reicht es allenfalls noch, sich zu Interessengruppen zusammenzuschließen, die allerdings im Laufe der Zeit in immer kleinere Partikel zerfallen. Politik im eigentlichen Wortsinn kann es in solchen Gemeinwesen nicht mehr geben. Die Folge: Früher oder später zerfallen auch sie.

Begrenzung ist eine Voraussetzung für Demokratie

Für die Demokratie gilt mehr als für jede andere Gesellschaftsform: Ohne bewusste und gewollte Begrenzung aller ihrer Glieder ist sie nicht überlebensfähig. Sie selbst ist nämlich zu solchen Begrenzungen nur sehr bedingt in der Lage. Deshalb muss jeder Einzelne für sich die Frage beantworten, ob sein Lebensstil sozial verträglich, soll heißen gemeinschafts- und zukunftsfähig ist. Jeder Einzelne muss bestrebt sein, sich in das größere Ganze einzubringen. Jeder Einzelne muss in seinem Lebensbereich nach Kompromissen suchen. Demokratie steht und fällt mit Menschen mit demokratischer Gesinnung. Daher ist sie labiler als jede andere gesellschaftliche Ordnung. Sie hat aber auch die Chance, stabiler als jede andere zu sein.

Februar 2020

Daten

Der Anlass ist alltäglich. Eine Bank lädt ihre Kunden und sonstige Interessierte zu einem Vortrag über die neuesten Entwicklungen der Finanzmärkte ein. Im Anschluss soll es eine kurze Fragerunde und einen kleinen Umtrunk geben. Das ist alles. Das Übliche also.

Doch die Rückseite dieser Einladung hat es in sich. In winzigem Druck, der viele an die Grenzen ihrer Sehkraft führen dürfte, wird den Eingeladenen mitgeteilt, dass sie mit Teilnahme an der Veranstaltung erklären, »das Folgende« verstanden zu haben, und damit einverstanden sind.

Um eine solche Erklärung wahrheitsgemäß abgeben zu können, dafür ist allerdings ein erfolgreiches Jurastudium Voraussetzung. Nur so viel wird klar: Die Bank, »die gemäß den geltenden gesetzlichen Bestimmungen [...] größten Wert auf die Privatsphäre« ihrer Kunden legt, kann mit deren Daten – Name, Anschrift, E-Mail-Adresse und so weiter – so ziemlich alles machen, was sie will. Was Dritte dann mit diesen Daten machen, ist ihr nicht mehr anzulasten. Ganz grundsätzlich stellt sie fest, dass die Verwendung elektronischer Kommunikationsmittel »mit erheblichen Risiken verbunden sein könnte«, soll wohl heißen: Hände weg davon.

Nicht immer wird die Problematik dieser Mittel so offen angesprochen. Aber sie ist real und allgegenwärtig, ob an der Theaterkasse, dem Reisebüro oder jedem beliebigen Kontakt mit einem Computer oder Smartphone. Die Vorteile elektronischer Kommunikation zu genießen bedeutet zugleich, riesige Löcher in den Schutzwall zu reißen, der während Generationen um die Privatsphäre errichtet worden ist.

Wandel zu einer Kultur weitgehender individueller Transparenz

Nach dem Motto »Ich habe nichts zu verbergen« mag dies vielen gleichgültig sein. Dennoch stellt dies einen tief greifenden Wandel von einer Kultur, die das Private durch Regelungen wie das Fernsprech-, Post-, Bank- oder Steuergeheimnis zu wahren suchte, hin zu einer Kultur weitgehender individueller Transparenz dar. Der gläserne, der nackte Mensch als gesellschaftliches Ideal.

Zwar wird den Bürgern noch immer vorgegaukelt, um sich eine Schutzzone zu haben. Zumindest ihre Menschenwürde soll unantastbar sein. Doch damit ist es nicht allzu weit her. Ohne dass sie hierzu noch irgendetwas beitragen müssten, können sie an jedem beliebigen Ort, zu jeder beliebigen Zeit bis in ihre tiefsten Schichten durchleuchtet werden.

Das kann in bester Absicht geschehen. So manche Straftat ist so vereitelt oder aufgeklärt worden. Umgekehrt werden Menschen auf die gleiche Weise aber auch empfindliche, mitunter sogar tödliche Verletzungen zugefügt. Die Öffentlichkeit reagiert. Krampfhaft versuchen Gesetzgeber und Rechtsprechung die klaffendsten Breschen, die in den letzten Jahren in den Persönlichkeitsschutz geschlagen worden sind, zu schließen. Ständig werden neue Sicherungssysteme installiert. Die Bürger wissen kaum noch, wohin mit all den Geheimzahlen, Codewörtern und PINs. Doch gerade das zeigt, dass die Systeme nicht sicher sind und zwischen deren Gebrauch und Missbrauch nur eine brüchige Trennwand steht. Und allenthalben heißt es: Wir arbeiten daran. Die Frage ist, auf welcher Seite der Wand?

Gefahr für die Würde des Menschen

Die Zeit ist überreif für eine sehr grundsätzliche Entscheidung. Sollen die Gemeinwesen abgleiten in Exhibitionismus und Voyeurismus – sie sind auf schnellem Weg dorthin –, oder sind wir bereit, die Würde des Menschen, einschließlich seiner Privatsphäre, umfassend zu schützen? Letzteres bedeutet nicht zuletzt den Verzicht auf Erhebung und Nutzung großer Datenmengen und ihre freizügige Verbreitung. Vielleicht ist es hierfür zu spät. Dann aber müssen wir uns auf sehr ungemütliche und inhumane Zeiten einstellen. Der technische Fortschritt hätte ein übergroßes Opfer gefunden: die Würde des Menschen.

März 2020

Innehalten

Noch ist ungewiss, wann die derzeitige Covid-19-Pandemie überwunden sein und wie ihre endgültige Schadensbilanz aussehen wird. Gewiss ist hingegen schon jetzt, dass dies ebenso wenig die letzte Seuche gewesen sein wird, wie es die erste ist, und deshalb die Menschen gerade auch in den entwickelten Industrieländern wieder werden lernen müssen, mit ihnen umzugehen.

Denn spätestens seit ihrer Sesshaftwerdung vor vielen tausend Jahren werden die Menschen begleitet von Typhus, Pest und Cholera, von Masern, Grippe und Diphterie. Und nicht wenige dieser Krankheiten entvölkerten ganze Landstriche, ließen gesellschaftliche Ordnungen kollabieren und brachten kulturelle Entwicklungen zu einem abrupten Ende.

Dergleichen ist nach allem, was wir bislang von Covid-19 wissen, nicht zu erwarten. Von der »dunkelsten Stunde der Menschheit« zu sprechen, von einer Krise, »der keine andere gleichkommt«, von einem »Krieg um Leben und Tod« zeugt deshalb nicht nur von mangelhaften Geschichtskenntnissen, sondern offenbart auch ein neurotisches Verhältnis zur Wirklichkeit.

Verwunderlich ist das nicht. Schon früh setzten nämlich die Menschen, namentlich des westlichen Kulturkreises, alles daran, sich möglichst weit am Rand des großen Orchesters von Leben und Tod zu platzieren. Im Grunde wollten sie mit ihm gar nichts mehr zu tun haben, verstanden sie sich doch als darüberstehend, als »Krone der Schöpfung«.

Da ist es eine ungeheure Kränkung, wenn sich immer wieder irgendwelche Winzlinge, die überhaupt erst bei vieltausendfacher Vergrößerung für das menschliche Auge sichtbar werden, aufmachen und das ganze eitle Menschenwerk wenn schon nicht zerstören, so doch zum Stillstand kommen lassen. Das ist unfassbar und unverzeihlich.

Schrille Kriegsrhetorik

Die schrille Kriegsrhetorik entspricht diesem Denken und Fühlen. Zwar ist es nur allzu verständlich, wenn Menschen ihr Leben und ihre Gesundheit, ihr Hab und Gut und ihre lieb gewonnenen Gewohnheiten zu schützen bestrebt sind. Doch gegen Mikroben ins Feld zu ziehen, gegen Viren und Bakterien, ist – wenn überhaupt – eine sehr eigene Art von Krieg.

Denn solche Mikroben sind Teil der Welt, in der wir leben, und damit Teil von uns. Ohne sie können wir nicht existieren. Uns bleibt nur, uns so in das Gefüge des Lebens einzubringen, dass wir möglichst großen Nutzen und möglichst geringen Schaden davon haben. Das ist nicht immer einfach. Bisweilen steht uns unsere Kultur dabei im Weg.

Das erfahren wir in diesen Tagen erneut auf eindrucksvolle Weise. Wie viel Mobilität ist dem Menschen zuträglich? Wie viel Nähe? Wie viel Respekt verdienen biologische

Schranken, und wo sind die Grenzen für Manipulationen? Es mag ja gut sein, dass wir dem, was uns derzeit plagt, durch unseren Lebensstil kräftig Vorschub geleistet haben.

Wo stünden die Coronaviren heute, wenn sich nicht der stets mobile Mensch zu ihrem willigen Transportmittel gemacht hätte? Ist es nicht bittere Ironie, dass ihm im Kampf gegen sie vorerst nichts anderes einfällt, als die Füße stillzuhalten? Was für ein Krieg. Voranschreiten durch Innehalten. Diese Dialektik könnte auch in anderen Lebensbereichen wegweisend sein.

Voranschreiten durch Innehalten

Vielleicht könnte uns die derzeitige Krise lehren, ruhiger und gelassener zu werden. Zwar ist Stillstand dem Menschen gewiss nicht gemäß. Leere Straßen und Plätze, Kinos und Kirchen entsprechen nicht seiner Natur. Aber ist die hektische Betriebsamkeit, die vor der erzwungenen Pause unser Leben bestimmte, unserer Natur gemäßer? Ist es das, was wir wirklich wollen und brauchen? Innehalten als Mittel der Heilung oder zumindest der Schadensminderung. Das könnte eine Lehre dieser Seuche sein.

April 2020

Von Sinnen

Kaum mehren sich die Zeichen, dass der Höhepunkt der Coronapandemie für dieses Mal überschritten sein könnte, und schon heißt es, eine neue, noch größere Bedrohung ziehe herauf: eine wirtschaftliche Rezession, die schlimmer sein werde als alles, was die heute Lebenden bislang erfahren haben. Der Wirtschaftseinbruch habe dramatische Ausmaße erreicht. Selbst wenn jetzt alles richtig gemacht, sprich die Digitalisierung an allen Fronten zügig vorangetrieben werde, sei eine Rückkehr auf den bisherigen Wachstumspfad erst gegen Ende dieses Jahrzehnts zu erwarten. Zunächst werde die Wirtschaft aufgrund von Corona um fünf bis zehn Prozent einbrechen und dies die Arbeitslosenzahlen in die Höhe schnellen lassen. Nur gigantische Finanzströme sollen da noch helfen. Allein Deutschland will 1,5 Billionen Euro mobilisieren, eine Summe, die – wenn überhaupt – nur in Jahrzehnten getilgt werden kann. In der EU ist gar die Rede von einer »ewigen Anleihe«, die nie zurückzuzahlen wäre. Das kann, so das Argument, keine Volkswirtschaft stemmen. Die Last wäre zu groß.

Diese Epidemie hat schon einiges offenbart: ein bemerkenswertes Maß an Einsatzbereitschaft und Selbstlosigkeit, an Opferwillen und Solidarität. Aber sie offenbart auch ein erschreckendes Maß an gesellschaftlicher Zerbrechlichkeit, Zukunftsblindheit und fehlendem Gestaltungswillen. Vielen fällt nichts Besseres ein, als da weiterzumachen, wo vor wenigen Monaten der bisherige Lauf der Dinge ins Stocken geriet und die Wirtschaft, so als sei nichts gewesen, wieder »hochzufahren«. Dass Deutschland in diesem Jahr – trotz Krise – schon am 3. Mai seinen Erdüberlastungstag erreicht hatte und seitdem unsere natürlichen Lebensgrundlagen durch seinen exzessiven Ressourcenverbrauch, seinen Müll und seinen Schadstoffausstoß massiv beschädigt, interessiert offenbar nur eine Minderheit. Die Mehrheit möchte die Produktion wieder möglichst schnell auf den alten Wachstumspfad zwingen, die Mobilität weiter erhöhen, die Einkommen in gewohntem Umfang steigern …

Gebot der Stunde: Wirtschaft wieder hochfahren

Irgendwie scheinen große Teile der Gesellschaft ganz buchstäblich von Sinnen zu sein. Anstatt die Gunst der Stunde zu nutzen und zu prüfen, ob es nicht in Anbetracht der Lage auch mit etwas weniger weitergehen könnte, schrillen allenthalben Alarmsirenen. Auf die materiellen Lebensbedingungen von 2015 oder gar 2010 zurückgeworfen zu werden, erscheint vielen unerträglich und deshalb unzumutbar. Scharfmacher wittern ihre Chancen. Was taugt eine gesellschaftliche Ordnung, in der es nicht materiell ständig aufwärtsgeht?

Das ist wohl das Beunruhigendste an dieser Krise. Was Optimisten erhofft und Pessimisten befürchtet haben, wird nicht eintreten. Die Welt wird nach dieser Heimsuchung keine andere sein. Noch ehe die derzeitige Coronawelle nachhaltig abgeebbt sein wird, werden sich alle, die dies können, wieder im Kaufrausch befinden, wird jedes attraktive Fleckchen von Urlaubern überflutet sein, werden endlose Autoschlangen den Verkehr lahmlegen. Millionen und Abermillionen werden wie bisher sinnentleerten Tätigkeiten nachgehen und Dinge produzieren, die nur mit einem aberwitzigen Werbeaufwand vermarktet werden können. Aufkeimende Solidarität wird bis zum nächsten Mal hintangestellt werden. Milliarden wird es weltweit am Nötigsten mangeln, und Überreiche werden nicht wissen, wohin mit ihrem Reichtum. Statt in sauberes Wasser und saubere Luft wird weiter in Panzer und Kanonen investiert werden. Und Ströme von Brot-, Heimat- und Rechtlosen werden weiter anschwellen.

Zurück zu Kaufrausch und Raubbau

Das wird sich fortsetzen bis zum nächsten Einschlag, der nach allem, was jetzt schon für die Zukunft programmiert ist, noch verheerender sein wird als dieser, zumal das Pulver gewaltiger Finanztransaktionen dann verschossen sein wird.

Mai 2020

Armutszeugnis

Alle Jahre wieder berichten die börsennotierten Unternehmen ihren Aktionären und der Öffentlichkeit, was sie im Vorjahr erwirtschaftet haben. Zugleich teilen sie mit, welche Vergütungen ihre Vorstände, Aufsichtsräte und Mitglieder sonstiger Kontrollorgane erhielten. Zumal bei den großen DAX-geführten Unternehmen sind die Summen Ehrfurcht gebietend. Da kann die Tätigkeit eines Vorstandsvorsitzenden durchaus mit zwölf oder auch 15 Millionen Euro im Jahr honoriert werden. Im Durchschnitt aller DAX-Unternehmen lag das Salär pro Vorstandsmitglied 2019 bei reichlichen 3,5 Millionen Euro.

Ist das viel, wenig oder angemessen? Über diese Frage wird seit Langem gestritten. Eine befriedigende Antwort steht bis heute aus. Fest steht nur, dass diese Bezüge, gemessen an der allgemeinen Einkommensentwicklung, in den zurückliegenden Jahrzehnten weit überproportional gestiegen sind. Das hat dazu geführt, dass ein DAX-Vorstand heute wöchentlich den Nettogegenwert eines gehobenen Mittelklassewagens erhält und in sechs Monaten den Gegenwert einer Villa in bester Wohnlage. Noch einmal: Ist das viel, wenig oder angemessen?

Die Antwort mag dahingestellt bleiben. Denn bedeutsamer ist doch, dass mit solchen Einkommen Menschen – nicht nur in der Wirtschaft, sondern auch in anderen Bereichen – aus der Gesellschaft herauskatapultiert werden. Mit der übrigen Bevölkerung haben sie nicht mehr viel gemein. Zwar ist unbestritten, dass von ihnen mitunter weit Überdurchschnittliches erwartet wird. Das ändert jedoch nichts daran, dass sie ihr Wissen und Können mit hunderttausend anderen teilen, dass sie gelegentlich kluge und dann wieder dumme Entscheidungen treffen, dass sie geleitet werden von Kindheitsprägungen und guten, aber auch schlechten Lebenserfahrungen, kurz: dass sie ganz normale Menschen, sprich fehlbare Wesen sind, die, ihrer Position entkleidet, kaum Aufmerksamkeit auf sich lenken.

Was rechtfertigt das 50- oder 100-fache Einkommen eines Normalbürgers?

Was also rechtfertigt Einkommen, die das Fünfzig- oder auch Hundertfache des Normalbürgers betragen? Dass hier nicht Leistung im landläufigen Sinn honoriert wird, liegt auf der Hand. Denn solche Leistungen kann kein Mensch erbringen. Vielmehr geht es darum, der Welt zu zeigen: Schaut her, die hier sind etwas ganz Besonderes. Sie stehen über uns, über jedem Politiker und fast jedem Künstler, Sportler oder Wissenschaftler. Sie sind eine eigene Art Mensch, wobei auch unter dieser Art Mensch die Statuskämpfe heftig sind. Wer bekommt zehn oder 15 Millionen Euro?

Und hier werden diese Saläre zum Trauerspiel. Jede menschliche Organisation vom Staat über das Unternehmen bis zum Sportverband tut gut daran, herausragende Leistungen zu würdigen. Das kann auch durch die Ermöglichung eines Lebens auf hohem materiellen Niveau geschehen. Doch eine Gesellschaft, die herausragende Leistungen fast nur noch mittels Geld zu würdigen vermag, ist arm dran. Und ebenso arm dran sind die Männer und Frauen, die sich auf diese Art Würdigung einlassen. So gesehen, sind die alljährlichen Unternehmensberichte mit den Ehrfurcht heischenden Zahlen Armutszeugnisse. Im alten China waren die Menschen weiter. Sie erwiesen denen die größte Hochachtung, die klug, gebildet und menschenfreundlich waren. Materielles Vermögen spielte eine untergeordnete Rolle. Und sie hatten Mittel und Wege, diese Hochachtung auszudrücken.

Wertschätzung fast nur noch durch Geld

Dies dürfte einer der empfindlichsten Schwachpunkte moderner Gesellschaften sein, dass sie, abgesehen von abnehmend beeindruckenden Orden, inflationären Auszeichnungen und ehrenhalber verliehenen akademischen Titeln, Wertschätzung fast nur noch durch Geld zeigen können. Das ist kulturelle Versteppung. Wie sagte kürzlich ein Gewerkschaftsfunktionär, als Mitglieder seiner Organisation ob ihres großen Einsatzes öffentlich gelobt wurden: Davon können sie sich nichts kaufen. Sie wollen Geld sehen. Wie zeitgemäß und doch wie ärmlich!

Juni 2020

... DAS LEBEN GEHT WEITER

»Da sind sie, der Verwüstung Zeichen!« heißt es in Georg Philipp Telemanns »Tag des Gerichts«, und der testamentarischen Gedanken- und Bilderwelt entsprechend sind dies planetare Feuer, einstürzende Gebirge, überschäumende Ozeane und aus ihrer Bahn geworfene Himmelskörper. Heute sind die Zeichen der Verwüstung weniger spektakulär. Aber deshalb nicht weniger dramatisch.

Dramatisch ist, wenn die Menschheit – mit den früh industrialisierten Völkern an der Spitze – jahrein, jahraus weit mehr Ressourcen verbraucht, als die Erde bereitzustellen in der Lage ist, und nicht mehr weiß, wohin mit ihrem Müll. Dramatisch ist, wenn trotzdem Milliarden von Menschen kein würdiges Leben leben können, weil sie von atembarer Luft, trinkbarem Wasser, aber auch Bildungschancen und medizinischer Versorgung abgeschnitten sind. Dramatisch ist, wenn eine verschwindend kleine Minderheit über den Großteil der Güter dieser Welt verfügt, während sich die überwältigende Mehrheit mit dem mehr oder minder kümmerlichen Rest begnügen muss.

Dramatisch ist, wenn ständig ungezählte Tier- und Pflanzenarten über den Rand der Existenz gedrückt werden, weil zu viele Menschen nicht willens sind, sich zu beschränken und Raum für anderes Leben zu lassen. Dramatisch ist, wenn menschliche Gemeinschaften durch die Ideologie hemmungslosen Individualismus zersetzt werden und kaum noch philosophische und religiöse Ordnungen erkennbar sind, die ihnen Halt und Orientierung geben könnten. Und dramatisch ist nicht zuletzt, wenn sich die Berge ungelöster Probleme immer höher türmen und niemand eine Vorstellung davon hat, wie diese ohne schmerzhafteste Einschnitte in lieb gewonnene Gewohnheiten abgetragen werden können.

Gewiss sind diese »Zeichen der Verwüstung« – anders als bei Telemann – keine Vorboten eines Weltuntergangs. Aber sie sind Zeichen für die Erschöpfung eines Systems, das schon seit geraumer Zeit sein zentrales Versprechen nicht mehr einzulösen vermag, Menschen durch die Mehrung ihres materiellen Wohlstands und dem mit ihm einhergehenden Konsum glücklich machen zu können. Sowohl die materielle Wohlstands- als auch die Glücksmehrung sind an Grenzen gestoßen.

Noch wird versucht, diesen Befund nach Kräften zu verschleiern. In den wirtschaftlich hoch entwickelten Ländern steigen nicht nur die öffentlichen Ausgaben, sondern auch die Einkommen von Erwerbstätigen, Rentnern und Rentiers. Doch nur auf dem Papier. Eine exorbitante Geldvermehrung macht es möglich. Sie aber lässt die Preise für alles steigen, was nicht beliebig vermehrbar ist: Edelmetalle, Boden, Anteile an Unternehmen… Den Bürgern entgeht das nicht, und eine wachsende Zahl fühlt sich hinters Licht geführt. Sie fragen, haben sie noch Substanz, die aufgeschäumten Aktienkurse, die Löhne und Renten?

Und welche Substanz hat die Bildung, die in Schulen und Hochschulen vermittelt wird? Werden die Kinder und Jugendlichen, dereinst groß geworden, mit ihr noch etwas anfangen können? Welche Substanz haben Wissenschaft und Künste? Nicht dass sie substanzlos wären. So weit geht niemand. Aber was können Bildung, was können Wissenschaft und Künste den Menschen auf den Weg geben, die sich verabschieden müssen von ihrem lang gehegten Traum: Glück durch materiellen Wohlstand. Und sie werden sich verabschieden müssen! Denn sie wollen ja weiterleben und nicht nur träumen.

Dieser Abschied wird ihnen umso leichter fallen, je eher sie erkennen, dass sie auf dem bisherigen Pfad zwar weit gekommen sind, sich jetzt aber in einer Sackgasse befinden. Damit ist ihnen das Gleiche widerfahren wie früheren Generationen. Alle bisherigen Ordnungen und Systeme endeten so. Ob die Kulturen der Griechen und Römer oder das christliche Abendland in seiner Blütephase – immer kam die Zeit, von der an es nicht mehr weiterging wie bislang. Die scheinbar unerschütterlichen Ordnungen mussten tief greifende Metamorphosen durchlaufen, um Nachkommendes zu befruchten. Das ist heute nicht anders.

Die Menschen müssen erkennen, dass eine Ordnung, die auf ständiger Überforderung von Umwelt, Natur und Mitmenschen beruht, ebenso wenig Bestand haben kann wie eine Ordnung, die auf der Versklavung der großen Bevölkerungsmehrheit gründet, oder einer Ordnung, die den Ausgleich schreiender Ungerechtigkeiten in einem imaginären Jenseits in Aussicht stellt. Auf uns bezogen, heißt das: All unser Wirtschaften, unser Produzieren und Konsumieren muss unabdingbar in die Grenzen zurückgeführt werden, die von der Natur im Verbund mit menschlichem Wissen und Können gezogen sind. Das aber heißt vorrangig: für die vorhersehbare Zukunft deutlich weniger materielle Güter.

Soll die Gesellschaft von diesen Einbußen nicht zerrissen werden, müssen die, die das können – und das ist in den entwickelten Ländern die breite Mehrheit –, substanziell Verzicht üben. Auf globaler Ebene sind es sogar alle, die das unschätzbare Privileg genießen, in solchen Ländern zu leben. Um diesen fundamentalen Befund darf nicht herumgeredet werden. Das erschwert nur die unvermeidliche Transformation. In den entwickelten Ländern verfügt die Mehrheit über materielle Mittel, die ohne unzumutbare Härten geschmälert werden können. Wie viel eigenes Feriendomizil ist nötig, und ist es überhaupt nötig? Wie viel eigenes Automobil ist nötig, und ist es überhaupt nötig? Wie viele Ferienfernreisen sind nötig, und sind sie überhaupt nötig? Die Liste von nicht wirklich Nötigem ist lang.

Wer jedoch meint, durch diese Transformation erlitten die Menschen nur einen Verlust, sieht nur die halbe Wirklichkeit. Zwar gibt es durch sie durchaus ein Weniger, aber es gibt auch ein Mehr. Denn wie der Besitzlose – von wenigen Ausnahmen abgesehen – in gewisser Weise unfrei ist, ist auch der mit Überflüssigem Beladene unfrei. Sich von Überflüssigem zu trennen, oder besser noch, es gar nicht erst zu erwerben, ist deshalb ein Akt der Befreiung. Sagen zu können, das brauche ich nicht (mehr), ist mindestens so befriedigend, wie Besitz zu mehren. Diese Erkenntnis ist so alt wie die Kultur der Menschheit. Nur wurde sie immer wieder von gegenläufigen Strömungen überlagert.

Gewinn durch Verlust

Nicht mehr zu haben, als man wirklich braucht – sei es, weil man nicht mehr erwirtschaftet als benötigt, sei es, weil man darüber hinaus Erwirtschaftetes in irgendeiner Form der Gemeinschaft zugutekommen lässt –, macht frei. Es macht frei, über sich selbst hinauszudenken und zu handeln und sich in Gemeinschaft einzubringen. Zugleich macht es frei, Schätze zu heben, die weniger besitzbestimmte Menschen unter uns und Generationen vor uns in Musik, Dichtkunst und bildenden Künsten in reichem Maße angehäuft haben. Werden Teile der materiellen Güterberge abgetragen und dadurch etablierte Produktions- und Konsumketten unterbrochen, werden viele der Besitzenden überrascht sein, welcher Reichtum ihnen zufließt oder zumindest zufließen kann, wenn sie gelernt haben, Musik zu hören, Literatur zu lesen oder Bildwerke zu sehen. Doch viele haben das nicht gelernt. Verengte Bildungshorizonte haben sie beim Erwerb dieser Fähigkeiten behindert.

Und sorge sich niemand um die Arbeitsplätze, die infolge dieser Transformation entfallen. Denn entfallen werden vor allem diejenigen, die auf Raubbau gründen. Doch die machen uns ohnehin nur arm. Sollen wir uns arm arbeiten, nur um arbeiten zu können? Im Übrigen müssen

Güter und Dienste, für die es keine Verwendung mehr gibt, weder erarbeitet werden, noch werden Mittel benötigt, um sie zu erwerben. Anstatt des Traums vom Glück durch die Mehrung materiellen Wohlstands könnte ein anderer Traum Wirklichkeit werden: Glück durch die Mehrung immateriellen Wohlstands, Glück durch die Entfaltung von Kräften, die heute bei vielen Menschen brach liegen.

Ein System ist am Ende. Es hat hell geleuchtet und eine menschheitsgeschichtlich bedeutende Rolle gespielt. Doch jetzt ist es ausgebrannt. Etwas Neues entsteht, und dieses Neue kann besser sein als das nunmehr Vergehende. Dieses Neue zu gestalten ist eine Chance, die sich nicht jeder Generation bietet. Die heute lebenden Generationen sollten sie für eine Erneuerung ihrer Kultur nutzen.

Über den Autor

Meinhard Miegel ist Autor zahlreicher Bücher,
von denen »Die deformierte Gesellschaft« (2002),
»Epochenwende« (2005) sowie »Exit« (2010)
und »Hybris« (2014) zu Bestsellern avancierten.
Er ist Vorstandsvorsitzender der »Stiftung
kulturelle Erneuerung«, Beiratsmitglied zahlreicher
wissenschaftlicher Einrichtungen und ständiger
Berater von Politik und Wirtschaft.

Raus aus dem Hamsterrad

Karlheinz A. Geissler, Jonas Geissler

Time is honey
Vom klugen Umgang mit der Zeit

oekom verlag, München
256 Seiten, Broschur,
15 Euro
ISBN: 978-3-96006-022-2
Erscheinungstermin:
01.06.2017
Auch als E-Book erhältlich

»Eine amüsante Geschichte der Zeit, samt praktischen Auswegen aus dem Hamsterrad.«
Süddeutsche Zeitung

»Wiederholen Sie nicht die Fehler der ›Zeitsparer‹: Zeit will gelebt werden, nicht gemanagt!«, lautet ein Ratschlag der Zeitexperten Karlheinz und Jonas Geißler. Sie setzen der herrschenden »Zeit ist Geld«-Logik eine wohltuend andere Sicht auf das Phänomen Zeit entgegen.